Wild Dream

反逆、闘い
―そして語ろう―

カリフォルニア大学
サンタバーバラ校 工学部教授

中村修二

ビジネス社

まえがき

私は人から無愛想な人間だと思われることがある。直接的に、ストレートに物事を表現してしまうからかも知れない。日本的な風土の中では、私みたいな人間は、変わり者に属するのだろう。実際、日本にいる時から、アメリカ的な発想をすると、アメリカ人に言われたものである。

確かに、アメリカに住んでみて、私は水を得た魚のごとく伸び伸びとした心境にいたのである。だが、そのことと、私が日本人であり、日本人の目で日本の現状をとらえるのとは意味が違ってくる。

私の友人の大川和宏東京理科大助教授（応用物理学）はそこのところをある月刊誌でこう述べている。

「彼（私のこと）は『日本が好き』にもかかわらず、『日本への不満』として表現してしまう無愛想な面を持っている」と。そして「『好き』という感情はすごいエネルギーをもっている。彼の訴訟によって明るみになった特許問題は、旧態依然とした日本企業や大学の問題である。その影響で多くの企業が改善に着手し、がんばった人が報われる社会へと変わりつつある」

大川氏の言うように、私は日本が好きだ。好きだからこそ、今の日本が抱える問題が気になって仕方がない。とくにアメリカへ渡ってから、日本の欠点が一つ一つ目に見える形で私の前に現われてきた。それらは、もはや放っておいてはならないものだ。日本の成長を阻み、変化のスピードについていけないアジアの田舎に日本を転落させる以外の何ものでもない、と私には思えるようになったのである。

このまま、旧態依然とした状態で突き進んでいけばいずれ日本は滅んでしまう。日本を離れて生活していると、私のこの思いは強くなる一方だった。そして、この日本を滅ぼす要素の象徴として、実は以前私がいた徳島の会社が現われてきたのだった。組織という名の暴力を振りかざして、私の研究を妨害しはじめたのである。

私はこの無法なモンスターに敢然と立ち向かうことにした。それが今回の訴訟だったのである。その結果が、多少なりとも大川氏の言うような変化として現われたとしたら、こんなに嬉《うれ》しいことはない。

しかし、戦いはまだまだ続く。それによって、頑張った人が報われる社会、そして、社会に出た後、やる気のある人が自分の好きな分野で自分の力を思いっきり発揮できる環境をつくっていきたいと考えている。この本が、その一助となれば幸いである。

この本が刊行される頃には、判決が下りているはずだ。だが、勝とうが負けようが、私はこの戦いを続けていくつもりだ。なぜならそれは、企業や組織といった多数による権力と、個人の尊厳とをかけた戦いだからだ。人間の尊厳がないがしろにされたなら、われわれは自由な研究や創造的で自由な仕事の場を失う、仕事で奴隷になるのはまっぴらだ。そうならないためにも、私は一人になっても戦う。そう決心しての訴訟だったのである。

実は、私自身は最初からこのような反逆を考えていたわけではない。転職を考えていた時のことを大川氏は先の月刊誌でこう述べている。

「彼は、企業に移ったら今まで勤めてきた会社と争いが生じる可能性を捨てきれないと、大学を選んだ。不満は胸の中にしまい、新天地への第一歩を踏み出した。訴訟で争う彼を知る人には意外な一面かも知れない」

確かにそうだったのだ。そんな心づかいまでしたのに、それを無残にも踏みにじってくれた。人間の心など所詮《しょせん》組織になど通じないものなのだ。にもかかわらず、このような組織にいまだに頼っているとしたら、それは自分を殺してしまうようなものだろう。個性を発揮することこそが、人間が人間である所以《ゆえん》なのに、組織という悪魔にそれをゆだねるなど言語道断のことだ。

私は今、カリフォルニアの真っ青に澄み切ったキャンパスに研究者として立ちながら考える。今こそ日本は、全ての面で初心に帰り、虚心坦懐に学ぶ心と姿勢とを取りもどすべきなのではないかと。そしてそのことこそが、個性豊かな新しい日本人を生み出していくことだろう。私は自らが学んだ体験と経験を通して、若い研究者や学生にそれを伝えていきたいと思う。この閉塞《へいそく》感横溢《おういつ》する日本の現状を打ち破れるのは「新しい日本人」しかいないのだから。

九月上旬

著者

◆目　次――反逆、闘い　そして語ろう　Wild Dream

第2章 サラリーマンよ、奴隷になるな!

第3章　だから私は訴訟を起こした

第4章 悩み続けた学生時代と「異邦人入社」

第6章 中村流発想法

第7章 成功への扉を開くために

プロローグ

カリフォルニアから愛する日本へ近況報告

アメリカの大学教授は中小企業の社長

カリフォルニア大学サンタバーバラ校の私の研究室には、今、一〇人の学生と二人のポスドク（編集部註・日米の研究者の雇用システムが大幅に異なるので二一ページに詳述）がいる。私はこの学生に、一人あたり年間約三万五〇〇〇ドル、日本円にすれば約四〇〇万円の給料を支払っている。一〇人だから、ざっと年間四〇〇〇万円になる。二人の助手には、一人年間七〇〇万円から八〇〇万円の給料だ。だから、研究室の人件費だけで年間五～六〇〇〇万円はかかることになる。これに、研究室の維持費を入れると約一億円。

つまり、私は年間一億円以上の資金を集めてこなければならないということだ。それができなければ、中村研究室はまさしく倒産ということになる。

大学の先生が研究室の学生（もちろんここでは大学院の学生だが）やポスドクに給料を支払う？　いったい何の話をしているのだろうと思われるかも知れない。研究室の教授が学生やポスドクに給料を支払うなど、日本の大学では考えられないことだからだ。

しかし、ここにこそ、日本とアメリカの大学についての考え方の決定的な違いがある。日本の大学においては、先生は学術研究がメインになる。これに対してアメリカでは、大学は世界中から、お金を稼げる人材を集めてくる。私がカリフォルニア大学サンタバーバラ校の工学部教授として招かれた理由も、まさにそこにあったのである。

例えば私のいるカリフォルニア大学では、先生は二時間の講義を週二回やるだけ。それで九カ月分の給料一六万五〇〇〇ドルは出る。あとの三カ月については、自分で研究費を集めてきたなら、そこから調達することになっている（これで五万ドルが加算される）。大学との関係はそれだけ。あとは一切干渉しないから、自由におやりなさいということなのである。従って私が大学から得る収入は約二一万五〇〇〇ドル。その他はプライバシーに関するのでここでは公表しない。

だからまず、研究をしたいのなら、まず資金を自分で集め、学生を自分で雇って研究することになる。いわば中小企業の社長みたいなものが大学の先生だと考えればいいだろう。小さいとはいえ社長には違いない。だから、優秀な学生には高い給料を支払うけれども、デキが悪ければ、給料をカットするかクビにしてしまう。こうして研究の成果が出たならば、例えばパテントなどについては大学側との取り決めどおりにするというのが、いわゆる大学での研究のスタイルなのである。

そこでは、あくまでも実力が優先され、自由な研究が保障されている。これがアメリカの大学のやり方なのである。

さらに、これでは終わらないところが、まさにマネーを徹底的に追求するアメリカらしさなのだと思う。つまり、プライベートなお金を取得することについても、ちゃんとそのシステムを用意しているのである。研究成果が出れば、それでベンチャー企業を起こしても大学は一切関知しない。教え子を社長にして、ストックオプションで儲《もう》ける人など大勢いる。五〇人も一〇〇人も社員のいる企業にすれば、そこから入る膨大な収入はすべてプライベートなものとすることができるというわけだ。

ベンチャーと並んで、プライベート収入とすることのできるものが、コンサルティング料だ。日本では大学の先生が企業からコンサルティング料を受け取ろうものなら、それこそ賄《わい》賂《ろ》を受けたかのごとく言われて叩かれる。しかしアメリカにおいては、できる先生だからこそコンサルティング料が入ってくるのであって、それは成功者の証ともいえるのである。だから、例えば五社のコンサルティングをして、一社から一〇〇〇万円の収入があれば、合計五〇〇〇万円を自分のものにすることができる。その上にベンチャーで成功したら、一〇〇億円の収入も決して夢ではない。アメリカン・ドリームを、大学の先生もつかむことができる。これが、アメリカのシステムなのである。

そして、若い学生たちも、このような実力で稼いでいる先生の元へ集まってくる。このような先生につけば、ベンチャー企業の社長になれる可能性があるからだ。若くして大きな富を得るチャンスが広がっているのである。

三〇億円の超豪邸に住む実力教授

私は一〇人の学生を使って研究しているが、たぶん人数としては多い方だと思う。ふつうは大体四、五人というところだろう。だから〝中村企業〟は、大企業とはいえないにしても、中の上、大と中の中間ぐらいの企業だといえる。

そこにドクターの学生が働いている。学生を選ぶ基準の第一は成績。といっても、日本の大学入試みたいなものを思い浮かべてもらっては困る。アメリカの大学には、日本でいえば通知表に当たるものがある。しかも、全米の全大学で共通化しており、各科目で何点以上取ったのかというのが一目でわかるようになっている。だから、学部の通知表の四点満点で三・五点以上ないと雇わないことにしている。アメリカの大学は、日本の大学とは違い、学部においては徹底的にしごかれる。大学は社会へ出て通用する人材を育てる場だという認識があるから、テスト、テストで鍛え、専門性を身につけなければ卒業できない。通知表の成績を一番重視するのは、この成績がいい学生は、即戦力として使えるということだからだ。

もう一つ重要なのは面接だ。成績のいい奴の中には時折、性格的におかしい人間がいたりするものなのだ。それを面接でチェックする。三〇分も話していれば、おかしいかおかしくないかぐらいはすぐにわかる。

もちろん研究を続けていくためには、気力や体力も必要になるが、私が重視しているのは成績で、次が面接ということになる。

学部の成績、つまりは通知表が基準になるというところが、そもそも日本の場合とは基本的に違うことだろう。それは、アメリカにおいては、個性を伸ばすというところに重点を置いて教育がなされているからだ。どういうことなのか。

例えば小学校の時からすでに違う。一年生の時に絵を描かせたとする。子供だから、みんな思い思い違った絵を、メチャクチャに描く。先生はその絵をみて、これはすごい、これは美しいと、いい所を見つけて徹底的に誉めるのがアメリカの教育なのである。これに対して日本はどうか。日本の場合には、花なら花、動物なら動物の絵の見本があって、この手本と違っている絵は直されてしまう。習字の授業と同じだと考えればいいだろう。見本と違うと、ダメだといって直される。極端にいえば、これが日本の教育なのである。しかも、すべての教科にわたってこのダメ出しが行われているのである。だから、個性が出せない。

アメリカでは、大学でも基本は小学校と同じだ。けなすことなく、誉める教育が行われている。いいところがあれば、そこが徹頭徹尾誉められる。お前はここがすごい、ここが魅力的だ。誉めて、誉めて、誉められれば、そこが伸びる。誉められれば自信がつく。だからアメリカ人は誰もが自信を持っているのである。そして、良い所が個性となって伸びていく。

大学の授業がすべて選択科目になっているのも、良い所を伸ばそうという教育の現われだ。自分が選択する科目は好きな科目だから選択する。だから伸びていくのである。

通知表しかなくてもいいのはここに理由がある。通知表の成績が良ければ、それは好きな科目や自信のある科目で成績が良いということなのだ。だから別に試験など改めてやる必要などない。すでに好きな科目で十分に専門性を身につけたということを通知表が証明しているからだ。

企業はこのような専門性を身につけた人材を買うのである。

これに対して日本の場合はどうなのか。企業の面接を受けた事のある人はわかると思うのだが、日本では面接の場で専門的な事はほとんど聞かれない。「あなたは柔道をやっているんですか、それはスゴイ」ということになって採用になったりする。これに、世界一周旅行などしたということになれば、なおさら箔《はく》がついてOKというわけだ。大学で何をやってきたのか、何を専門的にやってきたのかなど、企業にとってはまるでどうでもいいことのようなのだ。体力とガッツがあれば大丈夫などと考えているような日本企業が世界で通用するはずがない。

　アメリカの企業は全く違う。アメリカの企業は本人と一緒にその専門を買う。例えば化学会社が半導体の分野に進出しようとすれば、半導体が専門の学生を雇う。彼はこの分野では大学でみっちり勉強しているから、即戦力として働ける、会社で指導したり教育したりする必要など全くない。

　これに対して日本はどうか。学生の時には遊んでばかりいて、体力つけるだけだから、会社に入って教育しなければならなくなる。こんな馬鹿なことをやっている大学だからこそ、つぶさなければならないと私は言っている。専門性がゼロの人間をいくら社会へ輩出しても、何ら社会の創造には役立たない。

　個性あふれる人間をつくる教育が必要なのである。アメリカでは基本的には子供の頃から受験というものがない。だからみな、好きな事がやれる。小学校の時にパイロットになりたいと思えば、ずっとパイロットになる勉強ができる。そして、本当にやってみたくなったら大学に入ればいいのである。子供の頃からの夢で、好きな事を専門的にやれるのだから、どんどん伸びていくというわけだ。

　こうして優秀で実力のある人材がアメリカでは育っていくのである。やりたいことができて、しかもそれで巨額の富を勝ち得ることができる。それがアメリカン・ドリームなのである。

私の属する工学部が、ドリームを実現する華だと言われるのは、好きなことができるばかりでなく、ベンチャーを起こす可能性が高い学部だからだ。

実際、それだけ稼いでいる大学教授はそこいら中にいる。ホームパーティに呼ばれて行ってびっくりすることなどしょっちゅうだ。どんな所に住んでいるのか知らずに行ってみると、眼の玉が飛び出す程のすごい超豪邸に住んでいたりする。大学教授がプール付きの二〇億円も三〇億円もするような家に住むなど、日本では考えられないことだ。だが、アメリカでは当たり前のことなのだ。「オー・マイ・ゴッド」と思わず叫びそうになるくらいだ。

個性を生かし、実力があれば、これくらいのことが可能になるのがアメリカなのだ。私が目指しているのも実はそれだ。そして私のこの夢も、近い将来には実現できると考えている。そのための研究をすでに始めているのである。

◆ポスドク（post-doctoral researcher）…アメリカではすでに確立した制度で、一〇名前後のラボ単位で運営される研究の中心戦力。しかも上位のポジションすなわちassistant professor（助教授）になるためにはポスドクを数年以上経験することが一般的。それに対し日本では制度としてポスドクのような任期付きの研究ポジションはあるが、大学の多くは博士課程修了後すぐに助手として採用され、終身雇用されるケースが多い。日本におけるポスドクという制度はアメリカの形のみを導入した制度といえる。

アメリカのポスドクの場合、採用時に任期（通常一年単位、長くて二〜三年程度で更新）に関する規定にサインした上で採用される。大学院生→ポスドク→実績を残すとassistant professor（助教授＝三〜五年の任期）→さらに実績を積むとassociate professor（準教授、厳しい審査にパスするとテニュア）→professor（教授）になる。

アメリカは助教授の段階から、独自の研究、グラント（経営）ができるが、日本は原則的に講座制で教授が助教授、助手、講師の人事権があるため、どちらかというと実績より〝私情〟で決まる余地が多いと言われる。これでは研究分野でのベンチャーの育成などできるわけがないのではないだろうか。中村教授の問題提起は重いと思うのだが。

第1章

ノーベル賞より ベンチャーを目指す

ユニクロからCM出演依頼がきた

昨年（二〇〇一年）の一〇月中旬から一一月中頃にかけて、私はテレビのコマーシャルに出演した。フリースで有名なあのユニクロのコマーシャルである。タレントでもスポーツ選手でも、ましてや有名人でも何でもない私が、どうしてユニクロのコマーシャルに出演したのか。たぶん、テレビでご覧になった方は、「この妙なオッサンは誰だ」と思ったことだろう。私の業界では、青色発光ダイオードを開発し、ノーベル賞に最も近い男と騒がれたため、名前と顔ぐらいは知っている人もいるだろう。それを実証するかのごとく、今年に入ってからは、アメリカのノーベル賞ともいわれているベンジャミン・フランクリン賞をいただいた。

このような事情から、雑誌の取材も受けたし、単行本も数冊は出した。しかし、世間一般の人から見れば、中村修二などというどこにでもあるような名前に注目する人は、たぶん少ないと思う。特許権の返還と相当対価の一部請求として二〇億円を要求して世を騒がせた男といっても、技術開発に携わる研究者なら知っていても、普通の人には何のことかわからないはずだ。

そんな、顔も名前も知られていない中年男が、ユニクロという若者ブランドのコマーシャルに、突然顔を出したのだから、驚かれても仕方がないことだと思う。

私は今、日本を離れて、カリフォルニア州のサンタバーバラという所に家族ともども移り住んでいる。日本での研究生活に見切りをつけ、さらなる成果をあげるべく、二〇〇〇年二月に、カリフォルニア大学サンタバーバラ校工学部教授として赴任してきたのである。

そんな私の元へ、ある日突然、コマーシャルに出演してもらえないかという連絡が入った。聞くと、株式会社ファーストリテイリング社といい、ユニクロというブランドで日本中を席《せっ》捲《けん》したカジュアルウェアの会社だという。ユニクロ？　カジュアルウェア？　どう考えても私には似つかわしくないようだ。だいいち、申しわけない話だったのだが、私はその時ユニクロのユの字も知らなかった。

今でこそ、カリフォルニアという日本人にとっても憧《あこが》れの土地に住んではいるが、ついこの間までは、四国の徳島県の、それも片田舎に住んでいた。文字どおりの田舎者だ。しかも、研究開発一辺倒の野暮天だ。着る物もだいたいがカミさんまかせで、ファッションなどという気のきいたことに気を使ったこともなかったくらいだ。そんな男を、ファッションのコマーシャルに使おうなど、何かの間違いなのではないかと思った。

だから、即答はせず、一応は保留した。そしてその日、自宅へ帰ってから家族に話してみたのである。「ユニクロって知ってるか。そこからテレビのコマーシャルに出てほしいと頼まれたんだけど、どうすればいいかな」と。

すると驚いたことは、私の想像をはるかに超えた反応が返ってきた。私には娘が三人いるが、そのすべてが、「お父さん、ユニクロも知らんの。フリースのユニクロって超有名ブランドじゃない、私も着てるよ」とユニクロのフリースなるものを持ってきた。そして、口をそろえて、「ユニクロのテレビコマーシャルに出るなんて、格好いい。絶対に受けるべきだ」というのであった。すでにこの時点で、私が四の五の言える状態ではなくなっていたのである。

成果が自分に反映されなければ、やる気にならない

撮影は私が日本へ帰った時、東京の渋谷のスタジオで行われた。撮影クルーは五～六人もいただろうか。カメラマンはもちろん、音声や照明担当の人、スタイリストやヘアメイクの人などがてきぱきと実に手際よく動き、約三時間程で撮影は完了した。その時には言わなかったが、私のもじゃもじゃ頭を見ばえよくするのに、ヘアメイクの人はかなり苦労したのではないかと思う。

その後もすぐカリフォルニアへ帰ってしまったため、日本で放映された画面は見ていない

が、悪評だったという話を耳にしないところをみると、まずはお役に立てたのだろうとは思っている。

しかし、あまた人材がいる中で、どうして私だったのかという疑問は、撮影に入るまで何となくつきまとっていた。が、コマーシャルの作成担当者の方といろいろ話すうちに、おぼろげながら、採用意図が見えてきた。

その一つは、現状に甘んじないという私の研究態度にあったようだ。私が青色発光ダイオードを開発するまでには、すべてがすんなりと進んだわけではない。サラリーマン研究員の常で、会社に言われたとおりの研究開発を一〇年程続けてきた。そこで幾つかの製品を開発していたのだが、私はそれでも満足していなかった。一つには、もっとビッグ・ビジネスにつながる仕事がしてみたいと考えていたからだ。普通のサラリーマン研究者はたぶんそのようなことは考えない。だいいち、そのようなことをしても何の役にも立たないし、日本の場合には自分に返ってくるものは何もない。企業がその利益のほとんどを吸い上げてしまうから、一研究員がいくら頑張ったとしても、せいぜい一時金のボーナスが出るだけで終わってしまう。私が、以前いた徳島の日亜化学を訴えたのは、このような日本の企業システム、とくに、特許をめぐる研究員の地位の低さを是正したいと思ったからだ。自分のやった研究開発の成果が、何ら自分に反映されなければ、やる気にならないのは当たり前だ。日本のモノづくりが、この何年かの間に、世界から取り残されようとしている根本的な原因の一つがそこにあると私は考えている。私がこの一部請求として二〇億円の支払い（実際はもっと増える可能性がある）を求める訴訟に勝つことは、それはとりもなおさず、従来の企業と技術者、研究者の立場が逆転することを意味している。それによって、これまで企業に虐げられてきたサラリーマン研究者、技術者そしてもちろん事務系のサラリーマンの立場がより良くなってくれれば、と願って、思い切って訴訟に踏み切ったのである。

企業とサラリーマンとの関係が歪《いびつ》であるため、サラリーマンはなかなか活性化し得ない。組織の言いなりになっていれば、そこそこ給料はもらえる。それでいいではないか。安定した永久型サラリーマンで暮らしていけばいいではないかという考えになってしまう。事実そのような技術系サラリーマンが大半だと思うし、技術系でなければもっとそうだと思う。

しかし、私は違った。飛躍を求めた。ビッグ・ビジネスの可能性をいつも追求していた。現状の中でくすぶっているのが嫌だった。もっと新しいことがやりたかった。だからこそ、青色発光ダイオードを完成させた時、新天地を求めたのである。その新天地がカリフォルニア大学サンタバーバラ校だったのだ。そこで私は新たな飛躍ができると考えたのである。

このような、企業の組織に甘んじることなく、自分を改善し、進化させていく姿がユニクロの目に止まったのだろう。それが進化していくフリースの精神と共通なものだと考えたようだ。ユニクロももちろんそうだが、一つの製品や商品がうまく行ったからといって、そこにいつまでも胡座《あぐら》をかいていたのでは、いつかは停滞する。改良し、改善を繰り返し、より品質の良いものに進化させていくことが何よりも重要になる。私の開発した青色発光ダイオードも、以後、改善、改良を繰り返し、今でもさらに進化しつつある。

その進化が、今回のサッカーのワールド・カップにおいても、非常に大きな力を発揮した。埼玉や横浜、あるいはその他の多くの球技場で、多くの観客をとりこにした、あの大画面の映像。あれだけ大きな画面に、あれ程鮮明に選手たちのプレーを写し出すには、青色発光ダイオードが不可欠だったのである。その一つを見ても、現状に甘んじることなく常に進化していくことが、いかに重要であるかがわかると思う。

新しい枠組みへの挑戦が成功を生む

もう一つ私が注目された理由は、私の飽くなきチャレンジ精神にあるようだ。ユニクロは、これまでの大手のファッションメーカーに挑戦するかのように、新手の戦略で飛躍的に成長をした企業だ。そこにあるのは、因習や常識にはこだわらずに、大胆な手法と創造的なビジネスモデルの構築だった。小売りやチェーン販売の枠さえ飛び越え、生産と販売とを直結させて顧客のニーズに応えようとする姿勢が、新鮮さとユニークさを生み、そのことがとくに若い世代に圧倒的な支持を得たのである。

こういった新しい枠組みへの挑戦こそが、大いなる成功を生んでいくのである。平々凡々たる常識の枠組みの中で生きていても、何も創造的なものは生まれない。生き方が創造的でなくて、何が面白いというのだ。毎日、満員電車に揺られて会社へ通い、ルーティンの仕事をいやいやこなし、その腹いせに駅前の居酒屋で一杯飲んで帰るといった生活のどこに成功の芽があるというのだ。どこに豊かで、活気あふれる生活の萌芽《ほうが》があるというのだろうか。ありはしないではないか。

わかっていながら、このようなサラリーマン生活を送っているとしたら、それは臆病者《おくびょうもの》のやることだ。サラリーマンはいつの間にか、年功賃金と終身雇用という企業側の甘い餌に慣らされてしまって、企業から外れるとたちまち食うのに困ってしまうと思い込まされてしまった。だから、会社からどんな仕打ちを受けようと、甘んじてそれを受けてしまう。窓際だ、リストラだと言われ、肩身の狭い思いをしながらも会社にしがみつこうとするのである。

しかし、終身雇用や年功賃金の時代はとうの昔に終わってしまっている。毎年毎年、規則正しく給料が上がるなどということは、今やほとんど考えられない。逆に管理職になった途端に、残業代がなくなり、仕事の量ばかりが増えて、月給は少なくなってしまうという現象さえ当たり前になっている。これはいったい何を意味しているのか。企業はもう従業員を大切にしようなどとは、これっぽかりも思ってはいないということだ。業績が悪いといっては すぐにリストラしたがるのが、いい証拠ではないか。終身雇用や年功賃金は、企業が人をつなぎ止めておくためにあったといえる。そういう意味では、まだ、人を大切にしていたと言えるのだ。

何かを創造しようという気持ちこそ大切

だから、これらのシステムがなくなって、リストラが横行し始めたことは、企業が人の労働力を大切にしなくなったことを明白に物語ることなのだ。会社側の意識がガラリと変わっているのだ。会社が変わっているのに、従業員が何らそれに気づかず、従来どおり、会社にへばりつこうとしてどうするのだ。

今こそ、サラリーマンは飛ばなければならない。会社という枠組みを越えて、外へ飛び出す時代が来ているのだ。自分の実力と個性を思う存分に発揮する時なのだ。その下地はすでにととのいつつある。アメリカ程ではないにせよ、日本でも実力主義が標榜《ひょうぼう》されるようになってきている。ベンチャー企業を目指す人も増えている。ベンチャー設立を支援するところもあるくらいなのである。

何も恐れることはない。それらにチャレンジする気持ちさえあれば、そして失敗を恐れない積極性さえあれば、いつでも可能なのである。大切なのは、何かを創造しようという気持ちだ。私が成功したのは、ひとえにこの創造へのチャレンジを忘れなかったからだ。

そのため何度失敗してもくじけることはなかった。そして実は、他のことならともかく、くじけないということについては不思議な程自信がある。それがどうやって身についたのか、また創造力を生み出す方法については後で述べるが、今回の訴訟についても粘り強くやっていくつもりだ。これも私にとっては一つのチャレンジなのだ。

二〇億円訴訟といって騒がれたけれども、実はこれはスタートにすぎない。二〇億円の提訴でも五〇〇万円の収入印紙が必要になる。一〇〇億円を要求すると二五〇〇万円もかかってしまうのだ。私は個人で提訴しているので、これでは戦う前に破産してしまう。私の場合個人的には二〇億円の提訴が限度だっただけで、勝ったら一〇〇億円、二〇〇億円と増やしていく。しかも、今回提訴したのは一件だけなのだが、特許はあと一〇〇件ほどもある。だから裁判は延々と続く。これを粘り強く、くじけることなくやっていこうと考えているのである。

一流志向としがらみに支配されている日本企業

話がちょっとそれたが、三つめの理由は、私が主に海外を主体として活動していることにあったのだと思う。ユニクロもイギリスへの出店を足がかりにして、海外へと飛躍しようとしているようだ。この秋には上海へも出店するという。信頼された商品なら、何も国内での販売にこだわることはない。グローバリゼーションが世界の流れならば、日本の企業もどんどん海外へと進出すべきだ。

そして企業ばかりではなく、個人としても、実力と能力とを試したいのならどしどし海外へ出ていくべきだと思う。私は青色発光ダイオードという世界規模の製品を開発する過程で、つくづくそう思った。日本人の物の考え方の偏狭さ、親分・子分のしがらみ、肩書きや一流志向が、どれ程、個人の自由な発想と行動とをさまたげているのかを、身をもって体験したのである。これでは、頭脳流出するのは当たり前だ。海外では、教授とのしがらみなどはない。親分・子分の命令系統も存在しない。何もかも上司にお伺いを立てるなどということをする必要もない。一流大学だから、一流企業だからといって過度に優遇するという発想もない。

あるのは、自分の実力と能力とを発揮できる場だ。それさえあれば、そして成果さえきちんと出せば、どんな田舎の出身であろうが注目し、一目置いてくれる。

ところが日本の場合にはどうだろうか。すべてが逆だ。だいいち、企業や研究室への採用の段階からすでに、一流志向としがらみとに支配されている。東大出身や京大出身者しか採らないところは今でも数多くある。あるいは、学閥というしがらみが、どこへ行ってもついて回る。研究成果や実績など二の次、三の次。いや、どうでもいいことなのだ。

こういう仕組みが伝統的に出来あがっているため、上司などと呼ばれる連中は、おおむね無能を絵に描いたような者ばかりになる。あるいは、研究など出来ずとも管理だけはうまいという最悪の人事が行われたりする。そこへ、創造力もあり実力もある三〇代の若い研究者が入ってくるとどうなるか。彼ら若者が、豊かで自由な発想を柔軟な頭脳で、新しい方向の技術開発を提言しても、上司にはちんぷんかんぷんになってしまう。旧弊にとらわれている上司から見れば、彼らの発想は、まさしく新人類のように見えてしまうのだ。だから、時期尚早だとか、会社の意図に合わないとか、もっともらしい理屈をつけられてつぶされてしまう。上司が理解できないだけで、せっかくの新提案も抑えられてしまうことが多いのだ。これが日本の組織のあり方であり、伝統なのである。これでは、これから伸びようとする若者がやる気を失い、目を海外へ向けようとするのも当然だろう。

もう一つの問題は、日本の企業があいかわらず横並び主義を重視することだ。失敗を恐れて、自ら進んでリスクを負おうとはしないために結局は、アメリカなどリスクを恐れずにハイリターンを追求する国の後塵《こうじん》を拝してしまう。そのくせ、いったんアメリカが目をつけるや、右も左もそれに倣《なら》う。それもこれも、日本の企業に先見性が欠けているからだ。

横並びと先見性のなさが、日本の企業の閉塞《へいそく》性を生んでしまっている。そしてそこでは、いくら働いても大して給料は上がらないし、いくらやる気があっても大した変わりはないという、サラリーマン独特の諦観《ていかん》が生まれてしまっているのである。

私が体験したのも、まさしく会社や上司の先見性のなさと、組織という名のつぶしの論理だった。朱に交わらぬ者は徹底的に押さえつけて染めてしまおうという陰湿なたくらみだった。普通のサラリーマンが、会社からこのような仕打ちを受けたならどうするだろうか、あるいは、私に近い虐げを受けた人はかなりいるのかも知れない。しかし、彼らがそのことに対する怒りをどこかにぶつけて解決したという話はあまり聞かない。怒りを成功へと結びつけた話は、ことサラリーマンの場合にはほとんどないのだ。

ということは、サラリーマンたちは、会社や上役からの陰湿ないじめを受け入れ、自分を赤く染めてしまっているか、いじめに耐えて終生モグラのように土の中で生きていく道を選択しているかどちらかなのだろう。

しかし私は違った。諦《あきら》めも逃げもしなかった。会社の方針に対して、私なりのやり方で対抗した。その結果が、青色発光ダイオードの開発を生んだのである。

会社から見れば、ひょっとしたら私はゴジラのような存在に思えたかも知れない。不気味な存在だったのではないかと思う。しかし、私は、会社に埋没する気はさらさらなかった。だから、私なりの方法で個性を発揮しただけなのだ。それが運よく成功を生んだ。

そしてその過程で私は、日本の組織の中で、自分の能力や個性を発掘することの限界を感じたのである。だから、青色発光ダイオードを開発した時点で、海外へ雄飛する道を選んだ。せっかく青色を開発しても、その後の研究開発について、日本の現在のシステムではうまく行きそうもないからだ。私には私なりの方法と考え方がある。それが私の個性であり、この個性を貫いたからこそ、現在の成功がある。しかし、日本のシステムはどこへ行っても私の方法を認めてはくれないはずだ。認めれば、組織という大義がなくなるからだ。私が自分の個性を思う存分発揮して研究開発を進めていくためには、またまた組織という化物と衝突しなければならなくなる。そして、たぶんまたまた、いやがらせを受けることになるだろう。私にはそれが手に取るようにわかる。

もう、そういう馬鹿げたことにはうんざりなのだ。そのようなことに対処していく時間があるなら、私はその時間を自分のものとして使いたい。そのような馬鹿げたことにわずらわされることなく、思う存分研究開発に打ち込みたい。そう考えて、カリフォルニアへ来たのである。

ここなら、日本のしがらみとは全く無縁な立場にいられる。私の個性を自由に発掘することができる。私の成果と実力とを世界中に知ってもらうことができる。

実際、私が青色を開発して以来、世界は私に注目してくれた。日本という枠を飛び越えて活躍する場を、世界は提供してくれていたのである。それに対して日本はどうだったのか。相変わらず、私の存在は無視されていた。徳島の田舎者に何が出来るかということだったのだ。ある意味では日本に無視されたことが私の場合には幸いした。カリフォルニアという新天地で、グローバルに活躍できる場を得たからである。

世界へと飛躍することが企業にとっての夢ならば、私は個人としてそのことを実現しつつある。ユニクロはそこに目をつけたのだろう。

新しい技術で新しい発明をして、ベンチャーを起こしたい

ユニクロの担当者は言わなかったが、彼らが私にアプローチしたのには、もう一つ理由があるように私には思える。それは、大企業や有名企業へ反抗して成功を納めたという私の姿

が、ユニクロの成り立ちに似ているからではないかということだ。

　そして面白いことには、私はもちろん、ユニクロもまた、地方の片田舎の出身だったのである。聞くところによると、ユニクロはもともとは山口県の宇部市の個人営業の店から出発したという。そこから、あれよあれよという間に、東証一部上場の企業にまで成長していった。私も社会での出発は徳島県の阿南市という田舎町だから、出身が似ているといえば似ているのである。そしてたぶん、これは私の想像だが、小さな田舎の会社からここまで伸し上がってくるのには、大変な苦労があったのではないかと思う。というよりも、同業の大手企業やその関連会社などから、かなりの締めつけや圧力を受けたのではないかと想像する。私が青色を開発する時がそうだったからだ。

　しかし、それらの圧力を跳ね返し、大手をも出し抜いていかなければ生きる道はない。負ければつぶされるか、吸収されてしまうだけだからだ。

　大手にも負けずに成長していくためには何が必要なのか。彼らにはない創造性だ。発想を転換する柔軟性だ。それらがあってはじめてユニークな商品が完成する。ユニクロはユニーク・クロージング・ウェアハウスの略だというが、文字どおり、大手などには負けないユニークなカジュアル・ウェアを創造したのである。

　同じように私も、私独自のユニークな方法を用いることによって、世界的な研究開発に成功した。それは、大手などでは決して出来ない方法だったたし、従来の考え方を根本からくつがえすやり方だった。

既存の方法をいくら繰り返しても、新鮮でユニークなものは生まれない。何か新しいことを創造するためには、新しい発想と新しいやり方が必要なのである。そして、常に前向きに、新しい事へと挑戦する者だけが進歩し、ついには成功へと至るのだと思う。

私は青色を開発するに当たって、私なりの成功への道すじをつかむことができた。そしてこの道すじは、東大や京大、あるいは大手企業の研究所といった、いわゆるエリートコースの人が経験することのない道すじだ。そういう点でいえば、私の経験は、サラリーマン研究員にはごく一般的に通用するやり方だと思う。学歴や肩書きなどなくても、大いなる成功は勝ち取れる。私はその代表的な例の一人だと思っている。だからこそ、私の成功哲学を知ってほしいのである。そして同時に、自由な成功をはばもうと、常に待ち構えているものについても知ってほしい。さらには、この邪魔者をつくってしまった原因についても知ってほしい。

それが、これからの日本の方向を占うことにもなるからだ。モノづくり日本がダメになるのか、再生していくのか。それは、一人でも多くの私のような人物を出すか出さないかにかかっていると思うのである。

私は今、アメリカにいて、さらなる飛躍へと旅立とうとしている。青色発光ダイオードに関しては、発光効率を上げる研究などが残されているが、この分野で私のやることはすべてやりつくしたと考えている。だから、別の全く新しい素材を使って新しい研究を始めていきたい。〝新しいこと〟そのことに魅力を感じるからだ。人がやっていることを真似したり、後追いしようとは私は全く思っていない。それは性分に合わないいし、魅力も感じないからだ。

ノーベル賞についても、あまり魅力は感じていない。もちろん、もらえれば嬉しいとは思うが、あまり気にはしていない。それよりも、私にとって魅力的なのは、学生たちと、新しい技術で新しい発明をして、ベンチャーを起こすことだ。

私のいるカリフォルニア大学サンタバーバラ校にも、物理と化学にノーベル賞受賞者がいる。しかし学生たちから尊敬を集めているのは、この二人ではなく、むしろベンチャーを起こして上場企業とし、何十億、何百億円もの金額を儲《もう》けている教授の方が尊敬されている。

賞というのは、やはり人からもらうもので、いわば受け身のものだ。自分ではどうしようもないから、ある意味では気にしても仕方がない。これに対してベンチャーは、全て自分でやらなければならない。すべての成果が自分の能力と実力とにかかっている。だから、能動的だと思う。この方が私には向いている。だから、ノーベル賞よりは、ベンチャーを目指したいと思っているし、すでに動き始めてもいるのである。

第2章

サラリーマンよ、奴隷になるな！

巨大市場を生み出す、新しい白色ランプの開発

私は二〇〇二年二月から、カリフォルニア大学サンタバーバラ校で固体光源発光素子センターの所長となり、全く新しい白色ランプの開発に従事している。実現すれば、これまでの蛍光灯に代わる画期的な照明器具の出現ということになる。量産によるコストダウンが図れれば、将来的には家庭を含むすべての照明がこのランプに代わる可能性もある。そうなれば、照明の分野だけでもその市場規模は二〇兆円とも、それ以上とも言われているわけだが、その市場を席捲することになるだろう。まさしく、明かりの革命を私はやろうとしているのである。

私が開発しようとしている白色ランプが、なぜそれ程までに驚異的なのか。それは消費電力を従来の蛍光灯の二分の一以下にすることが可能だからだ。また、寿命も二〇年を超える白色ランプにすることができるからなのである。

私たち研究チームは、五年以内にこの白色ランプの基本的な技術を確立するつもりだ。小売価格は今はまだ未定だが、この超大型プロジェクトへはローム社の他にも資金提供を申し出てくれている企業が数社ある。三菱化学やアメリカの青色発光ダイオード（ＬＥＤ）メー

カーのクリー社がそうだが、最終的には計七社がおのおの約三億円を資金提供する予定になっている。二〇兆円市場ともなれば、資金提供しても、それに余りあるメリットが見込まれるということなのだろう。

私たちが開発する光源を、数社が量産し、これを照明器具メーカーへ供給することになる。照明器具メーカーはそれぞれ独自の白色ランプを市場へ売り出す。この時、現在家庭を含むあらゆる場所に使われている照明は、すべてが光を失うことになる。そして、私たちが開発した新世紀の光が、世界中を照らすことになるのである。

不可能を可能にした発光ダイオード

これは〝光の革命〟のほんの一部分でしかない。青色や緑色発光ダイオードやレーザーが開発されて以来、実はさまざまなところで、革命は進んでいる。しかも目につくところで。専門家はそのことを知っていても、普通の人たちは知らないだけだったのだ。

例えば、前述したワールド・カップなどのスポーツ・イベントや野外のロック・コンサートなどで使用されている巨大な移動スクリーンもそうだ。ここにも、青色発光ダイオードや緑色の発光ダイオードが使用されている。見ている人たちは、ただ単に、ずいぶん大きなスクリーンになったな、ぐらいにしか思っていないだろうが、あれ程大きなスクリーンに、鮮明な映像を流すには、それまでの技術では無理だった。発光ダイオードが開発されてこそ可能になったのである。

あるいはまた、高輝度の赤色発光ダイオードは、自動車後部のブレーキングランプにも用いられている。ヨーロッパではすでに約六割もの車が採用しているし、ボルボやフォルクスワーゲンは車内灯として白色発光ダイオードを使用し始めている。

さらに身近なところでは、携帯電話用のバックライトの光源としても青色発光ダイオードは利用されている。一番わかりやすいのは、新幹線や街中にある電光掲示板や電光ニュースだろう。新幹線の車内だと、出入口の上に文字が流れて「○○新聞ニュース。明日の天気。東京・晴のち曇、大阪・曇りときどき雨」とか「ただいま、掛川駅を通過中」といったような情報を知らせてくれる。何気なく見ていると、ただ単に光の文字が流れているように思えるだろうが、実は、ここにも発光ダイオードが利用されている。

よく見ると、小さな〝電球のような光〟が点滅して文字が動いているように思える。この点滅の切り替わりが、われわれの目には気がつかないくらいに一瞬のうちに起こるため、文字が流れていくように見えるのである。そして、これ程の早さで点滅を繰り返すことは、従来の電球では不可能だった。すぐに発熱して切れてしまうからだ。不可能を可能にしたのは、全く新しい発光体が開発されたからだ。それが発光ダイオードなのである。

発光ダイオードが画期的な理由

発光ダイオードは、これまでの電球や蛍光灯などとは全く違う発光原理を持つ発光体のことだ。どこがどう違うのか。簡単に言ってしまえば、発光ダイオードとは、電流を流しても熱を伴わずに、直接的に光を生み出す発光体のことだ。

光は物が燃えることによって生じると考えられていた。この原理を応用して、エジソンは白熱電球を発明した。ただし、彼の発明した電球は、物を燃やして光を得るのではなく、電流が流れる時に発する熱によって光を得るものだった。そういう意味では非常に画期的だった。

物が燃えつきてしまえば光も失われる。これでは光は長続きしない。エジソンが苦心したのもまさにこのことだった。彼の電球は、フィラメントを用いるものだったのだが、フィラメントも熱を加えれば燃える。燃えれば光を生じるが、同時に燃えつきると光は失われてしまうというジレンマに常にとらわれるのである。

エジソンはこのジレンマを全く予想だにしなかった発想の転換によって解決した。物が燃えるのは酸素があるからだ。フィラメントも酸素があるから燃えつきてしまう。ならば、空気を遮断して真空の状態でフィラメントを発光させればいいと考えたのである。

こうして、物が燃えて光を発するのではなく、電流が流れる時に生じる熱によって光を得るという全く新しい方法が開発された。エジソンの発明した電球が、白熱電球とか白熱灯と呼ばれるのは、熱によって光を得たことによる命名なのである。その後、蛍光灯も開発されたが、原理としてはエジソンの白熱電球と同じようなものだ。

この自明の理とされてきた、電流を流した時に生ずる熱によって光を得るという発想を、再び転換させたのが、発光ダイオードの発明だった。電子工学の発達にともない、半導体の研究が進んだことが、この画期的ともいえる発光体を生んだのである。では、電気を熱に転換することなく直接的に光を生み出すことがなぜそれ程までに重要なことなのか。

前述したように、一つには、機器の寿命を大幅に長くすることができるということ。もう一つは電力の消費を少なくできるという点が上げられる。誰もが実感していることだと思うのだが、熱が少なく長持ちすると言われている家庭用の蛍光灯にしても、数カ月もすれば暗くなって取り替えなければならなくなる。私が今、開発しようとしている白色ランプは、その寿命が二〇年を超えるであろうと考えられているから、その差はまさに、天と地の差だといえよう。また、消費電力にしても、蛍光灯の二分の一以下が可能なのである。電気を熱に変えずに発光させることが、いかに画期的なことか、おわかりいただけると思う。

高密度、大容量の情報収容が可能になる

発光ダイオードは、さらにテレビをも大幅に変えるだろうといわれている。現在のカラーテレビは、赤・青・緑の三原色の電子ビームを、ブラウン管に照射することによって様々な色を出している。しかし、発光ダイオードを使用すれば、電流を流すだけで発光させることができるようになる。そうすれば、大型で美しい画面も実現でき、さらには薄さまで追求できる。電気効率もよく、長持ちし、さらに値段も安くすることができるとなれば、実用化された場合の市場価値は図り知れないものになる。

また、アメリカの軍関係では、現在、飛行機の室内灯や計器の明かりに、白色ダイオードが使用されるようになっている。アメリカでは以前から、電圧の関係で電球が破裂する事故が頻発していた。日本でも、小学校で蛍光灯が破裂してケガ人を出したことがあるが、真空管にガラスが使われるためにそのような事故が起きるのである。アメリカでは、事もあろうに、飛行機のコックピットの計器が爆発して飛行機が墜落してしまったと言われている。

真空管ではなく発光ダイオードならば、ガラスなど使用しなくてもよい。危険も防止でき

るということで、飛行機の室内灯や計器に発光ダイオードが使用されるようになっているのである。日本でも、自衛隊の飛行機が夜間離着陸する際に滑走路を照らしているのは、白色ダイオードなのである。

発光ダイオードの開発がさらに地球規模にまで及ぶのは、実は、その開発が発光ダイオードで終わらないからだ。その延長上には半導体レーザー、という広大な分野が横たわっている。半導体レーザーはさらに、ＤＶＤなどに飛躍的な発展をもたらすことが期待されている。

ＤＶＤとは、デジタル・バーサタイル・ディスクの略だが、要するに新世代のＣＤのことだ。従来のＣＤとは比較にならない程高密度、大容量の情報を収用するこのＤＶＤに、半導体レーザーは不可欠だ。大容量のデータの書き込みやその読み取りをする、いわばレコードの〝針〟のような働きを半導体レーザーがしているからである。そして、大容量のデータの読み出しには、短波長のレーザー光の開発が必要だったが、それも私が開発した紫色レーザーによって先の、見通しが明るくなっている。単位面積当たりの記憶容量を飛躍的に向上させることが可能になったのである。要するに、簡単に言ってしまえば、これまで映画一本分しか入らなかったＤＶＤのディスクに、五本分の映画を一気に入れてしまうことができるということだ。そのうち、ベートーベンの交響曲全集が、一枚のＣＤに収められて発売されるようになるだろう。その日は、そんな先の話ではなくなっているのである。

半導体レーザーは「魔法の杖」

半導体レーザーはさらに、戦略兵器においても応用されている。今やミサイルの制御はすべてコンピュータが行っている。ということは、コンピュータの性能の良否が、戦時における優劣を決めるということだ。このコンピュータのデータの記録にＤＶＤが使用されている。同じ大きさのＤＶＤディスクに約五倍ものデータが記録されるとなれば、これを使用したコンピュータのほうが圧倒的に有利になるのは明らかで、青色のような短波長のレーザーの開発がそれを可能にするのである。

もう一つ戦略兵器として重要なことは、そのスピードだ。レーザーの軍事応用としては、例えばミサイルの誘導や測距装置、あるいは潜水艦通信などがあげられる。このうちミサイルの誘導については、まず、戦車などの目標にレーザーを照射することから始まる。レーザーを照射し、その反射光をミサイル頭部に取りつけられている検知器で受ける。これによってその反射光の方向にミサイルを誘導しようとするのである。書くとこんなに長ったらしくなってしまうのを見てもわかるように、瞬時に行われているようでいて、一段階、二段階というステップを踏まなければならないのだ。ということは、この速度を早めることができれば、圧倒的に有利になるということだ。青色レーザーという短波長のレーザーがこれを可能にするのである。ミサイル発射速度を一桁《けた》も速くすることができれば、レーザー誘導ミサイルに決定的な違いをもたらしてくれると、期待されているのである。

潜水艦通信においてはどうか。電波は海の中までは届かないため、これまでは潜水艦との通信は非常に難しいものとされてきた。海の色がブルーであるため、他の色のレーザーでは通信できなかったのだ。ところが青色レーザーが開発されて、いま不可能が一挙に可能になりはじめている。青色レーザーは水中の電波特性が良いからである。

同じようにブルーな空間である宇宙においても、衛星間の通信に青色レーザーは使用されるようになるはずなのである。半導体レーザーは文字どおり、未来を切り拓く魔法の杖であり、近未来に予測されている高速通信時代の切り札なのである。

青色LEDは光の時代を開くカギ

そして、こういう予測があったからこそ、二一世紀は光技術の時代だといわれていたのである。二〇世紀の熱の時代から光の時代への変化。例えば、従来の化学は熱を加えて反応させる熱の化学だった。温度を上げることは、確かに物を作るときには便利だ。しかし同時にそれは、熱による変化によって物を壊してしまうことにもなりかねない。熱を加えることは諸刃の剣という面を常に持っていたのである。エジソンの発明した白熱電球は熱利用の典型ともいっていい。だからこそエジソンは、二〇世紀の最大の発明家でもあり得たのだろう。しかし、やはり熱による破壊という現象を克服することはできなかった。熱利用は、便利だが理想的ではなかったのだ。

それをもう一度転換したのが光の利用だと言えるだろう。光を利用することによって、熱による破壊という現象を防ぐことが可能になる。さらには、光のスピードも利用することができるというわけだ。こうして、二一世紀は光の時代といわれるようになった。そして、この光利用を可能にしたのが、熱を発せず、直接的に光を発する発光体、発光ダイオードの開発だったのである。

さて、これが光の時代へと至る大まかな道のりなのだが、実は、この道のりに本当に光が見えたのはほんの一〇年程前のことなのである。発光ダイオードは英語でlight-emitting diode〟略してLEDというが、赤い色のLEDは四〇年も前に開発されながら、波長の短い青色のLEDが開発されないため、ずっと不完全なままだった。

光の三原色は赤と緑と青で、この三つの色のLEDが開発されれば、どのような色の発光体も可能になる。発光ダイオードが市場価値を得るのは、三つの色のLEDがそろってこそなのである。赤は割と早い時期に開発された。しかし、高輝度の青色と緑色だけは、どんなに著名な学者がやっても、またどんなに大きな研究所が資金をかけてやっても、全くうまく行かなかった。

青色と緑色ＬＥＤの開発はまさに光の時代の扉を開くカギだった。だから、世界中の学者、研究所、企業が競ってこの開発に乗り出した。が、近くまでこぎつけるものはあっても、鮮明で、長時間青い光を放つＬＥＤはついに開発されなかった。こうして、青色ＬＥＤの開発は二〇世紀中には無理だとさえ言われるようになっていたのである。

ノーベル賞に一番近い男

この不可能を徳島の山奥で誰の手も借りず、たった一人で完成させてしまった男、それが私だったのである。一九九三年、私は当時勤めていた徳島の日亜化学工業で、窒化ガリウムを用いた半導体で、青色ＬＥＤを開発、製品化することに成功した。こうして野球場などのフルカラーの超大型画面が可能になったのである。さらに九九年には、青色半導体レーザー、紫色の光を出す半導体レーザーの実用化にも成功。これによって大容量の次世代デジタルビデオディスク、ＤＶＤの商品化が可能になった。

「ニューヨーク・タイムズ」はこの時のことを、「日本の一人の発明家が、世界の屈指の大企業を出し抜いた」と絶賛して報道した。アメリカの巨大ハイテク企業のＩＢＭも「特筆すべき技術的業績だ」と讃えてくれたし、ヒューレット・パッカードなどは「中村はこの分野のリーダーだ」とも言ってくれた。

今では、高校生でも知っている青色発光ダイオードの発明は、まさしく世界中を震撼《しんかん》させる出来事だったのだ。

これらの業績のおかげで、私は単なるサラリーマン研究者でありながら、平成七年には桜井健二郎氏記念賞、平成八年には仁科記念賞、大河内賞を受賞した。その後平成一一年には高柳記念奨励賞を、さらに会社を退職してアメリカへ移住してからも、平成一二年に本田賞、朝日賞と受賞し、平成一四年にはとうとうアメリカのフランクリン協会から、ベンジャミン・フランクリンメダルの工学分野の賞を受賞することになる。

ベンジャミン・フランクリン賞はアメリカ版のノーベル賞とも言われており、日本人ではこれまで江崎玲於奈さんや有馬朗人さん、電子線ホログラフィーを開発した日立製作所の外村彰さんといずれも錚々《そうそう》たる方々が受賞されている賞だ。江崎さんはもちろんノーベル賞も受けられている。私は、九三年の青色発光ダイオードの開発が認められての受賞だった。青色の開発が、世界中でいかに待ち望まれていたことだったのか、また、いかにワールドワイドな出来事だったのかがおわかりいただけると思う。

私はこの発明によって、いつの間にか、〝青色の職人〟とか〝ブルーの魔術師〟などと呼ばれるようになっていた。そして、その画期的な発明から〝ノーベル賞に一番近い男〟、とも呼ばれるようになっていったのである。

惰眠をむさぼる日本の企業

だが、実際の発明現場は、そんな格好のいいものではなかった。というよりも、むしろ最初から最後まで悲惨な状況での発明だったといってもいいだろう。たかがサラリーマン研究員、しかも大手企業ならまだしも、徳島県の片田舎にあるような会社の研究員に、満足な研究・実験の場などあるわけがない。

今思えば、毎日毎日、穴ぐらのような研究室で、どぶネズミのようにススでまっ黒になりながら、はいずり回っての開発だったのだ。しかし、この時のサラリーマンとしての惨めな体験と、それにもかかわらず青色を成功させたという実績が、その後の私の考え方を決定的に変えさせた。成功を勝ち取るための手段は何かを実感としてつかむことができたからだ。

それは、従来日本で考えられていたこととは全く正反対のやり方だ。いや、従来の日本のやり方に、いつまでもこだわっていたがために、いつの間にか日本は世界に遅れをとり、今や技術大国でも何でもない、並以下の国になり下がろうとしているといっても過言ではないくらいなのだ。私は、青色を開発する過程の中で、そのことを肌で実感した。さらに、平成一二年から私はアメリカのカリフォルニア大学サンタバーバラ校の工学部教授をしているが、アメリカでの製品開発のシステムや企業・大学などの考え方を知るに及んで、私の考え方の正しさを再確認するに至っている。

アメリカでは、もうずいぶん前から、研究・開発が企業にとっても、そしてそれがひいては国にとっても重要になるということに気づいた。だから、個々の独創性や能力を育む環境をつくってきた。そこから、マイクロソフトやヤフーといった従来にはなかった形の新しい企業が生まれ、それが見る見る育っていった。

これに対して日本はどうだったのか。ヨーロッパやアメリカに追いつき追い越せとモノづくりを工夫する日本は強かった。しかし経営環境が変わっているにもかかわらず、その変化に乗り遅れてしまった。いつまでも組織を頼り、組織第一主義のままだったのだ。そのため、ユニークで独創的な発想が育たず、結局は日本の成長を支えてきた製造業がダメになって、失業率が六パーセントに迫るぐらいにまで落ち込んでしまっている。いまや、中国や台湾にも追いつかれ、経済大国などといわれていたけれども、どうも見かけ倒しで、実際の中身は古い体質にとらわれて、世界のグローバル化の波についていけない国なのではないかとさえ思われている。

これまでとは違い、世界の変化についていけなければ、たちまち企業そのものがダメになる。企業に活力がなくなれば、国そのものも衰退してしまうのが、二一世紀だ。二一世紀が変革の時代だといわれているのも、まさに、常に変化し、流動する時代に、即応するような柔軟性を企業も国も身につける時代になっているからだ。

日本はこのような経営環境の変化に気づかず、企業までもが親方日の丸を決め込んで、惰眠をむさぼっているように、アメリカからは見えるのだ。韓国も台湾も中国もグローバル化しつつ仕事をしているのに、日本のカイシャはおかしいというわけだ。だから、アジアでは一番危ない国のように思われてしまう。

私はカリフォルニアに移住して三年近くなるが、実際、外から日本を見ていると、アメリカが心配するのが本当によくわかる。いったい日本の企業は何をやっているのだろうと思うことばかりなのだ。

モノづくりの放棄と若者の問題

その最も大きな問題は、モノづくりをしなくなってしまっているということだ。本当に中国や台湾に追いつかれてしまう前に、モノづくり立国をめざさなければ、日本の行く末はない。研究・開発に人材と資金をつぎ込み、研究開発立国を今すぐにでもめざすべきなのだ。

そしてそのためには、組織の論理は捨てなければならない。組織は独創的な考え方をつぶすだけだからだ。私はサラリーマンの時にいやという程、そのことを体験した。私が青色を開発できたのは、サラリーマンでありながら、組織の論理を受けつけなかったためだ。そのことについては後で述べるが、とにかく大企業志向や有名大学志向は、決して独創的な発想は生まない。そこにあるのは〝永遠のサラリーマン〟を金科玉条とする組織のロボットだけだ。会社にしがみつくことが人生だと考える情けない人間の集団だけだ。

こういうロボット集団を良しとして認めてきたがために、日本ではどういう考えをするようになったのか。会社がつぶれたり、会社をクビになると、それで人生は終わりと考えるクセがついてしまった。それがために、六〇歳代の自殺まで増えてしまったのである。みんなで渡れば怖くないと、会社を頼りに肩をいからせて生きていても、その実は、一人では何も出来ない、無能な人間の集団。それが大企業の実態だったのである。

時代の変化に柔軟に対応できない日本の企業のあさはかともいえる行為が、様々に露呈し、いまや会社人間は必要とされなくなっているにもかかわらず、いまだに大企業志向があるとしたら、それはもう亡国の徒といわれても仕方があるまい。そして、非常に残念なことには、日本の若者たちは、どういうわけかこの亡国志向をいまだにひきずっているのである。

若者といえば、人生でも一番発想が若々しく、バイタリティーにもあふれる時代だ。洋々たる未来が開けている。未知の世界を開拓し、独力で道なき道を切り拓く冒険さえできる、唯一ともいえる時代だろう。成功のチャンスはどこにでもころがっている。一歩、自分の足で踏み出すだけで、手の届くところにビッグ・ドリームもある。そういう、またとないチャンスの時代であるにもかかわらず、日本の若者たちの多くは、いまだに有名大学をめざし、大企業へ入ろうとする。いったいこれはどういう現象なのか、と思いたくなる。

時代の先端を最も明敏にとらえ、若さを前面に出してつき進むことこそ若者の特権の一つだろう。それが、ともすれば暴走になって世の批難を受ける。あるいは、若気のいたりと笑われることもある。しかし、余程の破壊的な行為でもなければ、若さのなせる業として世の中は受け入れてくれる。それは、若さの中にこそ、無限の可能性があり、その可能性が将来を豊かにしてくれるはずのものだからだ。多少の失敗をしようが、ドジを踏もうが、それらが肥しとなって未来を切り拓いてくれればいい。そう大人たちは考えて、若さの冒険を許してくれているのだ。

にもかかわらず、当の若者たちが、その特権を放棄し、まるで老人のごとき思慮深さを発揮する。まるで何十年も前のサラリーマンのごとき安定志向をするのである。

優秀な人ほどベンチャーを目指せ

就職活動の時期になると、そのことが明白な事実となって表面化する。大企業といわれるところには、われもわれもとかけつける。業種や年度によって若干の変動はあるにせよ、就職志望者が殺到する人気企業というのは、だいたいが決まっている。もちろん、問題を起こした企業や、低迷する産業については敏感に反応する。それが若者の嗅覚《きゅうかく》なのらしいが、それにしてからが、安定志向の現われともいえるだろう。とにかく、大企業で安定した企業程、人気が高い。

だから、そういう会社に入社しようものなら、鼻高々と周りに吹聴する。俺は○○会社に受かったと、聞きもしないのに話したりするのである。まるで、会社の知名度が自分のステータスでもあるごとく。いや、事実そう考えてしまっているのだろう。入社そうそう、会社と自分とを一体化させてしまっている。そこには、大企業は安定している。安定している企業に入ったのだから、自分の人生はこれで大丈夫だというような考えがちらつく。それに比べて、お前の中小企業はどうなるかわからない。だから、気の毒だけども俺の方が勝った、というわけなのだろう。

何と傲慢《ごうまん》で、浅はかな考え方なのだろうか。なんと陳腐な人生観なのだろうと、私は唖然としてしまう。こういう若者たちが生まれてしまったからこそ、企業に、そして日本に活力がなくなってしまったのだ。

安定志向は、何も生み出さないこと、国際社会においては何らの競争力をも生まないことを肝に銘じて知るべきだ。そんなジジムサイ考え方をするのは日本の若者だけだ。

アメリカなどでは、大企業へ就職するような奴は、むしろ出来の悪い奴、覇気のない、創造性のない人間と考えられている。なぜか。まだ勝負もしていないのに、平社員を受け入れてしまうことになるからだ。平社員は企業の経営には参加できない。だから負け犬なのである。経営に参加し、リーダーとして大きな商いをやることこそが企業人の企業人たるゆえんだ。あれやれ、これやれと命令されて仕事をするのではなく、自分の意志と能力で動き、ビッグ・ビジネスを成功させる。何者にも左右されない新しいビジネスを独自に展開する。それこそが若者にとっての夢だろう。

既存の大企業へ入ることは、自分はこの夢を実現できそうもないと考える自信のない人間だと証明することになる。自分一人の実力と独創性で夢を切り拓けない弱い人間を自ら宣言することになる。だから、能力があり、自信もある優秀な人間のほとんどは大企業の平社員など最初から求めはしないのだ。

アメリカでは優秀な人間であればある程、ベンチャーをめざす。学生時代からすでにベンチャー企業を起こす。あのビル・ゲイツをみればよくわかる。彼はハーバード大学を中退してマイクロソフト社を創設した。もしもあの時、ビル・ゲイツが日本的な発想で、大学はちゃんと卒業しなくては卒業後の就職にさしさわるなどと考えていたとしたら、たぶん今のマイクロソフト社はない。コンピュータ業界はそれ程日進月歩の勢いだったから、ちょっとでもタイミングが遅れればチャンスをのがしてしまう。しかし、ビル・ゲイツはそのタイミングを逃がしてしまわないための心の準備をすでにしていた。いつかベンチャーを起こして夢をかなえさせようと、虎視眈々《こしたんたん》とねらっていたからこそできたことなのだ。

「永遠のサラリーマン」はもういらない！

ビル・ゲイツに限らず、ベンチャーをめざす学生はアメリカにはいっぱいいる。ハーバード大学では学生寮の中で、パソコンを利用してベンチャー企業活動をしている学生が増え、大学側もそれを認めたという話も聞いた。私も青色発光ダイオードの世界に足を踏み入れてから、何人かの学生を指導するようになったが、日本の学生が皆、有名企業や一流企業への就職を希望するのに対し、アメリカの学生は半数以上がベンチャーを起こす。ベンチャーこそが自分の実力を試せるところだと彼らは知っているのだ。そして、そここそが、成功すれば巨万の富を得る泉であることにも気づいている。自分のアイデアと実力一つで成功を勝ち取る下地がアメリカにはあるのだ。だから、実力さえあれば、何も平社員から出発することはない。最初からトップになって走り始めればいいのである。

それは確かにリスクのあることだ。成功もあるかわりに失敗もある。一時流行した、「ハイリスク、ハイリターン」がベンチャーの常だからだ。しかも、どう考えてもリスクを負わずして利益を得るなどという虫のいい話が、そんじょそこらに転がっているとは思えない。ローリスク、ハイリターンなど目ざす方がどうかしている。それは遊びの世界のことだとわきまえた方がいい。競馬や競輪が面白いのは、ギャンブルで遊び事だから面白いのだ。これを仕事と混同するのは間違いだ。やはり、ハイリターンを望むなら、ハイリスクはやむを得ないことなのである。だからこそ、勇気と実力と他人には負けない独創性とが必要となるのだ。

ところが、日本人は、何かにつけハイリスクを嫌う傾向がある。農耕民族の特徴といってしまえばそれまでなのかも知れないが、とにかく、じっくり、ゆっくり、どっしりかまえて成り行きを待つというのが、利口なやり方だという考えが強い。

確かに、日本が成功してきたのはこの考えに支えられてきた部分もある。長くつき合ってお互いに信用するまで商売はしないという慎重さが日本の繁栄を支えてきた。組織にしても、一つの決裁を取るのに、あっちの部署、こっちの部署と稟議書《りんぎしょ》なるものを回して、何日もかかって了解を得るか、細かいことの一つ一つに会議が開かれて、ああでもないこうでもないと、無益な議論に時間を費したあげくにやっと決まるという迂遠《うえん》なやり方をやってきた。しかしこのやり方は、日本独自のやり方で、自国内の人間どうしで商売をする場合は通用しても、相手が海外となると、そうはいかなくなる。グローバル化の波にさらされた時に、まず機能しなくなったのは、このような重厚長大型の大企業のやり方だったのだ。

日本が立ち遅れたもう一つの理由は、実力や能力での評価ではなく、名刺の肩書きですべてを評価するという、全くナンセンスなことを行ってきたからだ。そこにも安定志向がある。大きな会社は安全だ。だから、大きな会社の肩書きのある人は大丈夫だという考え方だ。

しかし、海外のビジネスマンたちは、そのようなことを評価の基準にはしない。あくまでも仕事における実力と能力とを求める。こうして、組織頼みの安定志向の中にどっぷりとつかっていた大企業がまず相手にされなくなってしまった。今やもう、〝永遠のサラリーマン〟を求める時代ではなくなっているのである。

アメリカ流にいえば、安定を求めて大企業を志望するような人間は、自力でドリームをつかもうとしない情けない人間にすぎない。俺は○○会社に入社したと、自慢げに大企業の名を出したがるような若者は、自分で自分を無能な人間、独立心のない会社依存症だと自ら標榜しているにすぎない。

彼らはどうせ、一流大学に入るためには、一流大学に入るためのお勉強をし、一流企業に入るためには、一流企業に入るためのお勉強をしてきた、つまらない人間たちなのだ。なぜなら、そのお勉強の中身たるや、創造性のかけらもない、つまらないものだからだ。つまらないことを一所懸命にやる人間ほどつまらないものはないだろう。そんなつまらない人間を、うれしがって採用する企業もつまらなくなるのは火を見るより明らかだ。

こんなことをいまだにやっているとしたら、そんな企業は、そのうち大企業病になってつぶれてしまうと考えて間違いはない。競争力のない人間がいくらいても、枯木も山の賑《にぎわ》いにすぎないのだ。自由競争の時代には、競争に堪え得る実力と、一人でも何かをやりぬく行動力、そしてそれを貫き通す強靱《きょうじん》な精神力とが必要になる。

そういう人間を、日本は育てていかなければならない。そして、このようにして育った若者たちが、どんどんベンチャーを起こして活躍できるような社会にしていかなければ、世界との競争に打ち勝ってはいけないだろう。私たちのような製品開発に携わる研究者にしても全く同じだ。学歴や肩書き優先がいまだに残っているような日本の風土では、新しいものが生まれていかない。モノづくり立国しなければ取り残されてしまうのは、明々白々たる事実なのにもかかわらず、モノづくりが認められるような下地がないのだ。

これではこれから出現するであろう優秀な若者たちが可哀そうだ。微力かも知れないが彼らのために道を切り拓くことができればと考え、私は行動を開始したのである。

行動の原点には、私自身の受けた手痛い体験がある。それは、青色発光ダイオードを開発し、かつてサラリーマン研究員として在籍した会社に多大な利益をもたらし、多数の特許も出願し、現在その特許権の帰属に関して裁判になっているが、その当の会社が私を訴えてきたという事実だ。これは、日本の企業の体質を非常によく表わしていると思うので、簡単にその経緯を説明しよう。

私が青色発光ダイオードを開発したのは一九九三年。それまでいた徳島の日亜化学工業を退職したのは一九九九年。その間、緑色の発光ダイオードや白色発光ダイオードの製品化にも成功。さらに紫色半導体レーザーまで実用化して、日亜化学工業は、徳島の片田舎の会社から、一躍世界の日亜とまで言われるように成長した。私が入社当時は蛍光体しか扱わない、従業員一八〇人程のちっぽけな会社だったが、従業員も会社の規模も飛躍的に向上し、私が開発した青色発光ダイオードと青色レーザーだけで、おそらく現在までに二〇〇〇億円近くは売っているはずだ。日亜が発行したパンフレットによると、二〇〇一年度の青色発光ダイオードの売り上げは約六〇〇〇億円と見込まれているのである。

私は、ほとんど私一人で開発したこの青色発光ダイオードの開発技術の特許権の帰属等をいっさい深く考えずに会社を辞職した。巨額の富を生む金の卵の見返りは、特許出願時でわずか一万円、特許登録後一万円の合計二万円。サラリーマン研究員で、まるで世間知らずだった私は、当時は、給料が上がったこともあって、それでどうこういうつもりはなかった。

ところが、私が日亜化学を辞める時点で、会社はある条件を私に提示してきたのである。それは、六〇〇〇万円という会社としては破格の特別退職金を支払うかわりに、秘密保持契約にサインするようにということだった。契約書の内容を読むと、それは、青色発光ダイオードの開発にはなくてはならない窒化ガリウムに関する研究と特許出願を、向こう三年間やらないという内容だった。これはいったいどういうことなのか。窒化ガリウムについての研究をやらないということは、私の青色発光ダイオードに関するさらなる研究に歯止めをかけることだ。私は研究者として自由に研究がしたい。だからサインしなかった。

すると渡米して二日後、日亜化学は私が日亜化学時代の企業秘密をアメリカの企業に漏らしたとして、企業秘密漏洩《ろうえい》の疑い（トレードシークレット違反）で私を訴えてきたのである。しかもそのやり方が非常に陰湿だった。日本では提訴することができないと悟ったのか、アメリカで訴えを起こしてきたのである。しかも何の証拠もなく、ただ〝疑いがある〟というだけでだ。私にはこれらの日亜化学の行動が、私の研究を妨げるためだけに行われているとしか思えなかった。日亜の要求を入れて契約書にサインすることはできない。かといって今となっては、日亜化学に頭を下げてアメリカでの裁判を取り下げてもらう理由もない。それは研究者として、いや人間としての尊厳にかかわることだからだ。

ならば私は、自分自身の研究者としての尊厳をかけて戦わざるを得ない。こう決心して私は、青色発光ダイオードの特許権の帰属と相当対価の一部請求としての二〇億円の賠償請求を求めて、日亜化学工業を訴えたのである。新聞などにも大きく取り扱われたから、ご存知の方も多いと思う。

会社は善、個人は悪という風潮

私はこの戦いは、研究者としての尊厳を企業から取り戻すための戦いだと考えている。どんなに体のいいことを言おうが、どんなに偉そうなことをしようが、企業の本質は、人間をゴミぐらいにしか考えていない。チャールズ・チャップリンの映画を観るまでもなく、企業は人間をその歯車としてしか考えていない。だから、自分たちの思いどおりになるものだと高をくくっているのである。利益を上げるためなら、人一人の尊厳など簡単につきくずせる。ちょっと札束をちらつかせるか、それでもダメなら、脅しでもかければいい。金と暴力に弱いのが人間だ。そこを突いてやれば、すぐに言いなりになる。人間をロボットか何かと同じように自由に操ることができると企業は傲慢にも考えている。

そのやり方は、テレビの時代劇で登場する業突張《ごうつくば》りの商人と大して変わりはない。小判を積むか、あるいはやくざや素浪人の暴力に頼るか。いずれにしてもより大きな儲けを得るためには、何でも利用し、何でもやってしまうのが企業なのだ。その体質は、今も昔もちっとも変わってはいなかった。

私を何とか懐柔しようとして使った手がそうだったし、言うことを聞かない私を今度は裁判沙汰《ざた》にして遮二無二、自分の思うとおりにしようとした手口など、全く変わらない。それもこれも、多大な利益を独占しようとする企業の欲望の表われであり、そのためには人間一人ぐらいどうなってもかまわないという、金の亡者、物欲のモンスターなら考えそうなことなのだ。

こんな傲慢が許されていいはずがない。人間をなめていると、とんでもないしっぺ返しがくる。そんなヤワな人間ばかりではない、ということを示すための、今回の提訴だった。

確かに、個人対企業の争いの場合には、個人に不利なことが多い。資金面で不利なことはもちろん、だいたいが個人に冷たい目があびせられる。公害問題や雪印などのように社会的に非難されるような問題のある会社の場合は別だが、私の場合のように、普通の人にはあまり関係のないところでの訴訟については、個人に対する中傷や、いわれのない非難の方が多くなる。会社が善で、個人は悪というのも日本的な特色の一つだからだ。

お世話になった会社に盾つくなんて、とんでもない奴だ、というのが普通の人の考え方なのだ。私の場合にも、一部請求として二〇億円という賠償請求の金額のせいもあって、ちゃんとした事情も知らないのに「中村は金がほしいだけなんだ」とか「売名行為にすぎない」といわれたりした。また、提訴してからさまざまな応援のメールをもらったが、その中には、私のように会社を辞めてから特許のロイヤリティの一部を還元してほしいと会社を訴えている技術者からのものもあった。そのメールによると、かつて会社で一緒に仕事に携った仲間だったにもかかわらず、同僚や部下たちが何故か一丸となって会社の側につき、彼に不利な証言ばかりするというのである。

こういう声をきくにつれ、私は何とも情けない気持ちになる。彼らにとっては、人間よりも会社の方が大切なのだ。会社ににらまれてリストラされるよりも、自分を偽ってでもおとなしく言うことを聞いていようというのは、人間の尊厳を売ってしまうものでなくて何だというのだ。

いまだに、殿様と家来の関係を引きずっているのが今の日本の現状なのである。企業が殿様で、社員は家来。殿様は家来の生殺与奪の権を握っているから、家来は殿様の顔色ばかりうかがってペコペコしなければならない。ご機嫌さえ損ねなければ安定して生活がしていられる。だから、何をされても、何を言われても、じっとガマンのコというわけだ。

二一世紀になっても、このような中世からのシステムを何の違和感もなく受け入れているとしたら、それはもはやシーラカンスどころのさわぎではない。化石人間だ。物も言えぬ化石人間の集まりが、これまでの会社だったのだ。

会社は、サラリーマンたちが会社の言いなりになってくれるために、図に乗ってやりたい放題やり始めた。人間を人間とも思わない。まるでロボットのようにこき使い始めているのである。このままでは、ますます会社人間のロボット化が進んでしまう。

会社は四~五年ごとに辞めればいい

サラリーマンといえども人間だ。人間としての尊厳と、人間としての個性と、人間としての自由とを取りもどす必要がある。安定志向の永遠のサラリーマンをどんなにめざしても、それらを得ることはできない。

ならば、どうすればいいのか。私は、四～五年ごとに会社を辞めればいいと考えている。それも、一人だけなのではなく、みんながそういう意識を持ち、実際にそういう態度を示す。ただし、辞めるといっても、仕事をボイコットしたり、さぼったりするために辞めるのではない。自分の能力を磨くために「みんなで会社を辞める」ということだ。

そうすれば、これまでの、企業が殿様で、社員は家来という関係はガラリと変わると思う。主従関係が正しい関係なのではないということが、まず企業側にわかるからだ。サラリーマンが会社にへばりついて言いなりになるのではなく、いつふっと辞めてしまうかわからないとなると、会社も危機感を持たざるを得ない。人間がいなければ、会社そのものが成立しないという、基本中の基本を実感せざるを得なくなるからだ。一人ならともかく、全員が辞めてしまえば、簡単に人員を補充するわけにはいかず、会社はつぶれてしまう。そうならないためにも、社員の待遇については考えざるを得なくなるだろう。

ところが残念なことに、日本は技術研究者も含めて、おしなべてみな、どんなに給料が安くても会社を辞めようとはしない。辞めたい、辞めたいと思いつつも辞めない。

なぜか。その原因の一つに教育による刷り込みがあると思う。

例えば、私が小学校の時に観た教育映画などにそのことがよく現われている。どういう映画かというと、家が貧しいために庄屋のところに丁稚《でっち》奉公に行く子供を主人公にした映画だ。

この子は庄屋のところで、仕事の面でも人間関係でもいろいろな苦労をする。あまりのつらさに、人知れず泣く夜もあったりする。けれども、どんなにつらくてもそのことに耐え、働かせてくれた庄屋さんに感謝しながら、とうとう死んでいく、というような映画だ。

日本では小さな頃からこのようなことが美談として語られてきた。最近ではこういう教育映画はないのかも知れないが、それでも、例えば、同じ会社を万年平社員のまま退職する父親の姿を、涙とともにつづるというような形式のテレビドラマはよくある。つまり、日本においては、同じ会社にずっと奉職するのは美しいことなのである。会社を辞めることは、どんな理由があれ道徳的ではなく、どんなことがあっても、たとえ万年平社員でも一生同じ会社で働くことが尊いことなのだ。永遠のサラリーマンでありなさい、ということを子供の頃から植えつけられているのである。まるでそれは、洗脳教育のようなものだ。そこで刷り込みが知らず知らずのうちに行われている。だから皆、会社を辞めない。

そういう私も、二〇年間勤めた会社を辞める時にはかなり抵抗感があった。この先どうなるのだろう、生活は大丈夫なのか、仕事はあるのかに始まって、さまざまな不安につきまとわれた。しかし、思い切って辞めてみて正直に言えることは、やはり辞めたほうがいいということだ。

業績に見合う年収とは

私が会社を辞めたのは、やはり青色発光ダイオードがきっかけだった。

青色発光ダイオードの完成は、田舎の一企業研究員にすぎなかった私を一躍、世界の有名人にした。文字どおり「朝起きてみると有名人になっていた」のである。そして、世界中の学会から招かれるようになった。もちろん、青色発光ダイオードについての講演依頼も殺到した。こうして、私の交遊関係は、とくにアメリカを中心として広がっていった。

そんな時、あるアメリカの知人から、こんなことを聞かれたのである。「ミスター・ナカムラ。君はこんな大発明をしたのだから、さぞや大富豪になったことだろう。何ともうらやましいことだ。億万長者の生活とは、どんな生活ぶりなのか教えてほしいものだ」と。

私は最初は、何のことを言っているのかさっぱりわからなかった。青色発光ダイオードは確かに成功させた。その功績によって給料も若干ながら上がった。しかし、たかが中小企業の一研究員にすぎない。サラリーマンの生活なんて、日本全国どこに居ても大して変わりはないはずだ。妻と子供たちとのつましい生活に、私は満足していたのである。

だから、キョトンとして、当たり前のことのように日本の企業研究員の実情を説明した。

大手企業でも、研究員が製品開発に成功しても、せいぜい臨時ボーナスや特別手当が出るだけだ。その額はだいたい一〇〇万円前後。よほど気前の良い会社でもない限りは、二〇〇万も出すところはない。だから、年収となれば、開発しようがしまいが大差はなくなってしまうのだ。私の場合も似たようなものだった。

こういう話をすると、このアメリカ人は、「それでも青色発光ダイオードの特許料が入ってくるではないか」というのである。しかし、私の場合、特許出願時にたったの一万円。特許登録時にさらに一万円、一万円プラス一万円で二万円ぽっきり。世間知らずの私は、それでも、二万円の小遣いが入ったといって喜んでいたし、何よりも特別手当が一〇〇万円も出たので天にも昇る気持ちだった。それに、発明前の年収約五〇〇万円が一気に一〇〇〇万円近くなったし、係長から課長にも昇進して、家族一同でお祝いをしたくらいだった。それが当たり前だと思っていたのである。

ところがこのアメリカ人は、私の話を聞いて、目を丸くしてびっくりしてしまった。そして、「それではまるでスレイブ（奴隷）ではないか。日本の企業はクレージーなのではないか」というのである。それ以来、私は「スレイブ・ナカムラ」と変な仇名《あだな》で呼ばれるようになってしまった。大きな、世界的な発明をしたにもかかわらず、会社がそれに見合う報酬を出さないのは、まるでタダで働かされているようなものではないか、というのがアメリカの考え方なのだ。

アメリカでは私のようなことは絶対にあり得ない。アメリカでは優秀な業績を残した研究者や技術者は、プロ・バスケットボールのスーパースター以上の年収をもらっている。かつて、あのマイケル・ジョーダンの年収が四〇億円になったといって騒がれたが、それを上回る金額を得ている研究者、技術者はざらにいる。彼らは口をそろえてこう言う。「ジョーダンの年収など安すぎる。彼は若くしてリタイアしなければならないのだから、もっともらってもいい。われわれ研究者は七〇歳まで頭脳で稼げるからね」というわけだ。

ジョーダンもそのことに気づいたのかどうかはわからないが、現在はバスケットボールチームのオーナー兼選手として活躍している。オーナーという、どちらかといえば頭脳で稼ぐ道へと進もうとしているのかも知れない。

第3章

だから私は訴訟を起こした

日本企業からの誘いはゼロ

アメリカは、研究者や技術者でも、能力と実力さえあれば、マイケル・ジョーダン以上の収入を得ることができる国なのである。優秀な特許を開発すれば、ストックオプション制度を活かすことができるからだ。ストックオプションとは、日本でも最近実施が可能になったようだが、いわゆる、自社株の購入権のことだ。自社の株を買う権利が経営者や従業員にあれば、会社の成績が良く、株が上がれば上がる程、利益を得ることができる。製品開発した研究者や技術者はこのストックオプションを利用して巨額の収入を手に入れることが可能になるというわけだ。

例えば、アメリカではとくに工科大学などにおいては、新しい研究成果が学会で発表されると、将来性があると判断されればたちまちのうちにベンチャー・キャピタリストから声がかかる。ベンチャー企業に提供される資金をベンチャー・キャピタルといい、これを提供する金融機関がベンチャー・キャピタル会社だ。ベンチャー企業への支援はリスクは高いが、成功すればその報酬は大きい。だから、成長が見込めると判断されれば、たちまちのうちに資金が集まってくる。日本円で十数億円の資金など簡単なのである。製品を開発した研究者は、この資金を利用してベンチャーの会社を設立する。そして、自分がもっと研究に携わるためには、例えば教え子を社長にして、自分は顧問となって自社株を持つのである。

このベンチャー企業が成功すれば上場するもよし、あるいは大手企業に売却する。いずれにしても、開発した研究者本人は巨額の金額を手に入れることができる。また同時に、自分の開発した製品が世に出て、人々の役に立つという二重の喜びも味わうことができるのである。つまり、製品開発というのは、マイケル・ジョーダンと同じくアメリカン・ドリームそのものでもあるということだ。

こういうアメリカに対して、日本の現状はどうか。日本の研究者や技術者は、世界の経済大国日本の製造業を支えていながら、収入はといえば、良くて一〇〇〇万〜二〇〇〇万円。それを超えれば「何だあいつだけ」と白い目で見られる。三〇〇〇万円も収入がある人などいはしないのが本当のところだろう。

お笑い芸能人やプロ野球の選手が、毎年日本の高額納税者に顔を出すのに比べれば、これは安すぎる。モノをつくり出すという生産的な仕事に携わりながら、このレベルの低さでは、〝スレイブ〟と呼ばれても仕方のないことだったのだ。

要するに、日本のシステムは、能力のある人間は損をし、能力がなくても要領がよく、上司の覚えのいい人間が得をするようなシステムになっている。これでは誰もやる気が起きない。会社に縛られ、会社のために働きながら、その見返りがほとんどないというのが日本の実態なのである。これでは会社も、ひいては社会全体も活性化していかない。

私はこのような日本のシステムに失望してしまった。私は研究者だ。だから、もっと研究をしていきたい。けれども、日本のシステムは、このあふれ出るような気持ち、情熱を活かしてくれないのである。というよりも、やる気を、常に抑制しよう、おさえようとしているようにしか思えないのだ。

どんなに斬新《ざんしん》で、新しいモノを開発しても学歴や知名度がなければ相手にしてはもらえない。東大・京大出身か、大手企業の研究員なら、一も二もなく認めるのに、私のごとき者だと、最初から歯牙《しが》にもかけない。それが日本企業のやり方だし、日本社会の一般的な考え方なのである。

私は青色発光ダイオードを開発するに当たって、この壁に何度もはねかえされた。情けなくなることさえあった。実験途中の段階ならまだしも、九三年に商品化に成功し、そのことを発表した時でさえそうだった。青色発光ダイオードの商品化に成功したと発表しても、誰も信じてはくれなかったのだ。あんな田舎の中小企業の、それも有名大学出でも何でもない男に、そんな大それたことが出来るわけがない、というわけだ。「何かの間違いだ。四国の山猿が、大ボラ吹いてるだけだ……」ぐらいにしか思われなかったのだ。彼らの頭の中は、大きな研究や世界レベルの発明は、東大・京大といった有名大学の先生にしか出来ないもので、また、そういう大学出身者で人員をかためている大手企業の研究室でしかやり得ないものだと、はなから思い込んでいる。日本では実績ではなく、知名度だけが重要なのである。こんなことでは、これ以上の研究開発を続けていくことは難しい。九〇年代末には、ちょうど研究も一段落して、新たな開発に乗り出そうとしている時だった。そのためには、好きなテーマを自由に研究できる場が欲しかった。

このことを知人に相談すると、アメリカの企業や大学から一五程も誘いが来た。みな、私の青色発光ダイオードの開発を認めてくれて誘ってくれたのである。残念なことに日本の企業・研究所からの誘いはゼロだった。学歴や知名度が優先するような社会では、私のごとき田舎大学出身のぽっと出など用はないということだったのだろう。

たとえ日本の企業からオファーが来たとしても、私は最初から行くつもりはなかった。日本企業の持つ体質を、二〇年間の研究生活でいやという程知ってしまったからだ。どうせ誘われて行ったとしても、たぶん、東大や京大出身というだけで、研究・開発については何の実績もないような上司が、偉そうな顔をしてあれこれ指示を出してくるだけなのだ。そして、周りはすべて、おべっかだらけの後輩たちがしめていて、上司の言うことなど聞かずに研究しようとする私を、村八分にしようとする。そんな環境のなかで自由な発想の研究などできっこないと考えていた。だから、日本に残ることなど最初から考えてはいなかった。

功績を正当に評価してくれたアメリカ

案の定、日本からの誘いはこなかったのに比べて、アメリカからの誘いはみな熱心なものだった。私の一連の実績を評価してくれて、数億円にものぼる給与が条件のところばかりだった。一億円の豪邸付きというのもあった。その中から、あるベンチャー企業に就職を決めていた。このベンチャーが提示したストックオプションはまさしく驚異的なものだった。今の株価に換算すると約五〇億円。徳島の片田舎の一技術者をこれだけ高く評価してくれる国と、片やまったく梨《なし》のつぶての国。

金額がすべてではないにせよ、これだけ評価が違ってくれば、神様でもアメリカを選択するだろう。理屈ぬきで、やる気にさせられるのは私ばかりではないだろう。とはいえ、私は、研究そのものに専念したいという思いが強かったのと、以前社員でいた日亜化学工業と競合してはいけないと考えて、このベンチャー企業からのオファーを断った。

また、スタンフォード大学、プリンストン大学、マサチューセッツ工科大学などの有名大学からの誘いもあった。中には学長待遇でどうかといってくれる大学もあったが、いろいろ考えた結果、現在いるカリフォルニア大学サンタバーバラ校の研究室を選択した。私の研究分野では世界でトップクラスの大学であり、ここなら自由に、思い切った研究ができるだろうと考えたからだ。格好いい言い方をすれば、ギャラよりも研究に重きを置いて選択したということだ。

年収は約二一万五〇〇〇ドル（ストックオプションとコンサルタント料は除く）と、それでも日本にいたときよりは多い。また、研究環境がまるで違う。アメリカでは成果を上げれば上げるだけ自分に返ってくる。それがアメリカン・ドリームを生んでいるのである。近い将来、私もその仲間入りをする可能性は大いにある。とぼしい研究費をやりくりして、家も金もなく、地位と名誉だけに汲々《きゅうきゅう》としている日本とは雲泥の差だといえるだろう。事実私は、サンタバーバラに引っ越した当初から、海の見える小高い丘の上の超高級住宅地に住んでいる。

ここは、「ホープ・ランチ（希望牧場）」と呼ばれ、アメリカでも有数の高級住宅地で、丘の中腹には、ケビン・コスナー、ブラッド・ピットといったハリウッドのスターたちの別邸もある。日本人から見ればまさに夢のような別天地だろう。アメリカ人も羨《うらや》むようなこの地に、徳島県の山奥から私は突然、引っ越してきた。大学から八〇〇〇万円借金をした、時価約一億円の豪邸は、広大な庭園付き。アメリカは日本に比べると土地が格段に安く、一億円の家は、文字どおりの豪邸になってしまう。

二〇〇〇年二月、私はこのカリフォルニア大学サンタバーバラ校工学部教授として正式に着任した。五月には家族も合流。新天地での仕事を開始したのである。

肩書き重視の日本の大学

仕事を始めてやはり、アメリカに渡って良かったと、つくづく感じた。自由な研究環境と成功報酬が約束されているのを、この目で目の当たりにすることができたからだ。話には聞いていたが、本当なのだろうかという不安が若干なりともあったのだ。

実際、アメリカの大学の工学部では教授の半数以上はベンチャー企業の顧問をしている。そして、ほとんど一〇〇パーセントとも言っていいくらいの割合で、教授は企業の技術コンサルタントをしている。一人で数社の技術コンサルタントをしている人もめずらしくはない。能力とやる気があり、成果さえ上げれば人も金も自然と集まってくるシステムなのだ。

アメリカと日本との、この決定的な違いを象徴的に物語る話がある。導電性ポリマーの発見と開発に成功して、二〇世紀最後のノーベル化学賞を共同で受賞した白川英樹先生とアラン・ヒーガー教授だ。白川先生は受賞された時にはすでに筑波大学を退官し、名誉教授として悠々自適の生活を考えておられたようだ。受賞時のインタビューでは「あとは心穏やかに農業でもと思っていた」とコメントされている。しかも面白いことには、退官された時には、日本の大学や研究機関からは一つも再就職の声がかからなかった。ところが、ノーベル賞受賞が報じられたとたんに、あちこちの日本の大学から声がかかったというのである。

白川先生のこの話を聞いた時、これはまるで私の場合と同じだと思った。要するに日本は、肩書き優先社会なのである。白川先生の実績を評価するのではなく、ノーベル賞という肩書き、ブランドにつられて動くだけなのだ。白川先生も、退官された時点では、日本の大学からは全く声がかからなかったため、招かれたら、海外の大学で再就職してもいいとは考えていたようだ。仕事の実績を正しく評価してもらえないような国では、いくら働いても働き甲《が》斐《い》がないからだ。

それはともかく、白川先生が当時すでに退官しておられたのに対して、共同受賞者のアラン・ヒーガー教授はどうだったのか。白川先生とアラン・ヒーガー教授は同じ歳だ。にもかかわらず、アラン・ヒーガー教授は、私と同じカリフォルニア大学サンタバーバラ校で現役でバリバリ働いている。しかも、何年か前に自分で起こした導電性プラスチックの会社の顧問も務めている。つまり、大学の教授にして会社のオーナーというアメリカの研究者の典型なのである。だから、研究者にとって最も大切な、自由な時間と資金とを豊富に手にすることができる。いつまでも、誰にも干渉されずに好きな研究をすることができるということだ。

こういうことは、今の日本では考えられない。何かにつけて日本は画一的だ。だから、どんなに優秀で、実績があろうと、定年になれば現役を退職しなければならない。退官してしまえば、研究資金など入るてだてがなくなる。どんなに研究を続けたくとも「心穏やかに農業でも」せざるを得ない状況になってしまうのである。これは日本にとって大損失である。もちろん現役の時に国立大学の教授が利益を追求することなど、言語道断なことなのだ。

片や年齢には関係なく自由に研究できる環境のある国。片や、定年になれば世捨て人になる国。アメリカと日本とでは研究者に対する待遇は天地の差ほどもあるのである。

日本から頭脳流出は当然の結果

アメリカにはこのような下地があるため、現在、私の研究室には一〇人の学生がいるが、みな「起業したい」と張り切って研究にはげむ。自分の力を存分に試すことができ、成果が上がればそれに見合った報酬が入るとなれば、やる気のある人間なら誰しもチャレンジしてみたくなる。それは、とくに若い世代なら当然のことだろう。

そういうチャンスがアメリカにはある。独創的な発想を生かして成功する場が、アメリカには用意されている。日本にはそれがないのである。この差は大きいと思う。

私は、日本とアメリカでは個人の潜在能力は変わらないと思っている。しかし、それを発揮できる機会があるかどうかとなると、圧倒的にアメリカが優利だ。アメリカのベンチャーに多くの優秀な才能が集まり、しかも成果を上げているのは、自由と成功報酬が約束されているからだ。それに比べて、日本は、自由もなければ報酬もない。これでは、同じ能力を持っていたとしても、それを十分に生かすわけにはいかないだろう。

私を含めて日本からの頭脳流出が騒がれるのは、ある意味では当たり前のことなのだ。白川先生でさえ、海外での研究の場を考えておられたくらいだから、熱気あふれる若い研究者が、古い体質の日本を飛び出したくなるのは当然の成り行きなのである。私はもう若いとは言えないが、それでも、日本のこのシステムには飽き飽きした。世界レベルの研究成果を残しても、この先に期待が全く持てないのだ。日本から私に対してオファーが全くなかったのでも、そのことは明々白々わかる。もっと新しい仕事がしてみたい、と、いくら考えても、日本の組織やシステムは、それを許してはくれない。オファーがなかったという事実は、そのことを態度で示してくれたといえるだろう。「あんたの仕事はそれでお終い。あとは大企業や有名大学の研究室でやるから、引っ込んでおりなさい」ということなのだ。

年齢的には若くないとはいえ、活力だけは若い。もっと自由に仕事がしてみたい。仕事をして、その成果が上がればそれに見合った報酬を得てみたい。そう考えて、私は日本を出た。日本が嫌いなわけではない。日本は私の国だ。大好きな国だ。しかし、仕事をさせてくれないような環境を、甘んじて受ける程、私は子供ではない。

いつまでも、そのような環境を存続させておくのは、日本のためにはよくないことなのだ。成果に見合った報酬を個人に提供できないような社会は衰退していくと思うからだ。個人の活力が薄れ、やる気のない人間が寄り集まったら、社会は確実に滅びる。日本にはそうなってほしくない。

訴訟は自由と独創への挑戦

私がアメリカへ渡ったのは、一つには、日本のシステムから外れても十分に成功することを証明したかったためでもある。青色発光ダイオードを完成させても認めなかった日本の組織に、それは間違いだと気づいてもらいたい。日本の組織の考え方が、いかに古めかしくなっているか、どれ程井の中の蛙《かわず》になり下がっているのかをわかってほしかった。というよりも、その古さに挑戦しようと考えたからだ。

東大や京大出身でもなく、有名大企業の出でもない、ぽっと出の田舎者でも、独創性と実力さえあれば、成功できることを証明したかった。アメリカにはそういう土壌がちゃんと用意されている。ないのは日本だけだということを実証してみせたい。

私の成功によって、日本の古い組織がそのことに気づき、何らかの改革に取り組んでほしい。そういう願いを込めての渡米でもあったのだ。

そして図らずも、日本のシステムは、私の渡米に対して敏感にも反応してきた。それも、私の意図とは全く逆の立場から。自己保存と、利益独占だけが企業の優先事項で、個人の自由な研究など二の次、三の次、いやどうでもいいという露骨な姿勢を示してきたのである。圧力を加え、札束をちらつかせれば、個人などどうとでもなるという企業の論理をつきつけてきた。改革しようなど、これっぽっちも考えてはいないのだ。

もしもこのまま企業の言いなりになって、個人の自由な仕事が不可能になるのなら、それこそ本当に日本はダメになる。とくに、私のような技術研究員にとって、そのことは致命的なこととなる。自由と独創性という翼をもぎ取られて研究することなど、まさしく奴隷のすることだ。〝スレイブ・ナカムラ〟は私一人で十分だ。

日本の若き研究者たちが、この先もスレイブのままであるなどということが許されていいものだろうか。それを許すことは、私たち自身の恥でもあるだろう。何としても、それだけは阻止する必要がある。

そう考えて、私は以前いた会社に対して、今回の訴訟を起こしたのである。だから、アメリカへ渡ったことも、訴訟も私にとっては同じことを意味している。

それは、自由と独創への挑戦であり、そのことを阻もうとする者への反乱だ。仕事で自分の実力を発揮し、成果を上げるためには、自由な発想と独創性、そしてそれを実行していく行動力とが必要だ。必要最低限、これらが保障されていなければならない。そう考えて、会社と、そのやり方を許す社会への挑戦と反乱を開始したのである。

自分を高く売る発想を持て！

私は、私と同じような挑戦と反乱を、すべてのサラリーマンにやってほしい。安定志向をして組織に頼っている時代は終わったのだ。いや、会社を頼みにすればする程、その会社は危なくなる。自分の身を守るためにも、会社を頼り、安定を求めてはならない。

サラリーマンにも発想の転換が求められているのである。これまでは、安定した企業へ入ることが生活の安定であった。会社に頼り会社の言うがままに仕事をすることが会社のためであり、それが会社を発展させることだった。そのためには、何が必要とされてきたかというと、日本人特有のまじめさ、勤勉さだった。コツコツと、文句も言わず、休みも、残業代も返上して、ただ黙々と会社のために働く。それが、サラリーマンの鏡だと言われた。

しかし、もうそういうことが美徳である時代は、とうの昔に終わったのだ。というよりも、サラリーマンたちがこのような会社の奴隷になってしまっていたがために、会社は傲慢になってしまった。独創性や創造性などなくとも、会社は大丈夫だと思ってしまった。そして気がついてみたら、こういう傲慢な会社から先にダメになってしまったのである。

サラリーマンが、永遠のサラリーマンであれば会社そのものがつぶれてしまうのだ。会社をつぶさないためにも、サラリーマンは発想の転換をしなければならない。それが、自分自身を、ひいては日本の企業を、そして行く行くは日本という社会を救うことにもなる。

では、どのように発想を切り換えればいいのか。それが、前にも述べた「会社を辞める」という意識を持つことなのだ。それも、四～五年ごとに会社を辞めるつもりで仕事をする。

こういう意識を持つことが何故大切になるのかといえば、まず第一に、会社の奴隷にはならないぞ、と自分に言い聞かせることになるからだ。

奴隷ではなく、自立して仕事をする。この意識があれば、次のステップへは割とスムーズに進むことができる。つまり、四～五年ごとに会社を辞めるつもりで、自分の仕事に熱中するということだ。四～五年、自分を高く売るための仕事をするのである。

この「自分を高く売る」という発想が、実は、これまでの日本のサラリーマンには欠けていたことだと思う。仕事は、会社のための仕事ではない。あくまでも自分のための仕事だ。ならば、仕事をしっかりやればやる程、自分の実力は高まらなければならないし、実力が高まれば、報酬も高くなるのが当然の成り行きというものだろう。

しかも、だらだらと仕事をこなしていても実力は高まらない。ただ惰性で仕事をする程つまらないことはないだろう。会社の言いなりで、惰性で仕事を続けてきたからこそ、実力がつかなかったのだ。

私が四～五年と区切りをつけたのは、そういう惰性に陥ることを避ける意味もある。と同時に、それくらいの期間をみっちり、熱中して仕事に専念すれば、確実に成果が上がるだろうからだ。成果を上げれば自分を高く売り込むことができる。先の見通しもなくだらだらやるよりも、四～五年と限ってやった方が仕事の目安がつけやすいのだ。短期集中型で結果を出す。そう頭にインプットして取り組めば、やる気も増す。やる気が増せば、結果は自ずからついてくるというものだろう。

自分のために仕事をする

長年会社にいればすぐにわかることだが、安定志向だ、終身雇用で有難いといいながら、本心では仕事に飽きて、人生の大半がつまらなくなっている人が多い。自分だけの人生なのに、どうしてそんな馬鹿なことに甘んじているのか、私は理解に苦しむ。

会社のための仕事ばかりを続けるからこのようなことになるのだ。仕事というのは、会社のためのものでも家族のためのものでも何でもない。自分のためにするものだ。

遊びでは自分を高めることはできないけれど、仕事をやればやる程自分が高まり、仕事の成果が人生の喜びにまでつながっていくのは、仕事というものが、自分の人生と密接に結びついているからだろう。そんな、自分そのものともいっていいような仕事を、何故、他人まかせ、会社まかせにしてしまうのか。仕事に喜びを見出せず、飽きてしまうのは、自分の仕事ではないからだ。そんな仕事ならやめた方がいい。

仕事は自分自身をアピールするためにあるものだ。だからこそ全身全霊をかけて打ち込める。それをやらせてくれない会社など居ても仕方がない。より自分を評価してくれる会社へ移ればいいのである。

サラリーマンもプロ野球の選手やプロ・バスケットボールの選手を見習うべきなのだ。彼らは、決して○○チームの選手ということに縛られてはいない。自分の実力と成果を買ってくれるチームならば、どこだってかまわないのだ。自分をどの程度評価してくれるのか、その評価が年俸として提示される。そして高く評価してくれるチームへと移っていくのである。

逆に、調子が悪くて実績を残せなければ、元いたチームからは外される。それは当たり前のことだろう。ダメならば頑張って成果を残せばいいのだ。成果が上がれば上がる程、ギャラは増える。そのかわり、成績を残せなければギャラは減るのである。ハイリスク・ハイリターンが、実力主義社会のルールだ。

そのルールがあるからこそ、実力を十分に発揮できるし、またやり甲斐も生まれてくる。そのことが社会の活力となっていくのである。グローバル化の時代を迎えたとよく言われるが、グローバル化というのは、言葉を変えていえば、自由に幅広く競争する社会ということだろう。日本は企業も国も、世界のこのような流れに乗り遅れてしまった。

このままだと、個人もグローバルな競争の時代に生き残っていけなくなる。競争に勝つためにも、会社のいいなりになって無駄な仕事をするのではなく、自分のための仕事をするように心掛ける。そして、四~五年でその成果を出し、その実力が評価されたなら、次の仕事をまた四~五年かけてみっちりとやる。こうして、自分の実力を高め、なおかつその実績を高く売るのである。

実力社会に不要なもの

「会社は五年ごとに辞め、次に向けて自分を磨く」これこそがグローバルな競争を生き抜くための最善策だと思うのだ。あと何年で辞めるんだと、常に思っていれば、次に良い仕事を得られるように自分を磨こうとする。自分を磨けば、会社を辞めることについてもそれ程苦にはならなくなる。

自分を磨かず、ただ九時から五時までのルーティンの仕事に明け暮れているから、仕事に飽きてくるのである。そして、飽きていても、ただひたすら安定だけを求めて会社に居つづけるから、上司の悪口ばかりならべるか、ゴマすりしか能がなくなってしまうのだ。

このような無能なサラリーマンを雇っておく程の余裕は、すでに会社にはなくなっている。それが証拠には、これまで優良な大企業だと言われていたところが、次々とリストラをし始めた。会社自体に力強さがなくなってしまったのである。いや、というよりも、社会のグローバル化にいち早く対応できずに、放っておいたがためにそうなったともいえるだろう。

しかし、そんなことをぼやいていても何も始まらない。リストラを受ける人間には、やはりそれなりの理由があると考えるべきだろう。彼らの多くは、たぶん、世の中が実力主義の方向へ進みつつあるということを感じることができなかったのだ。今までと同じように、九時―五時でつつがなく仕事をしていれば、会社は大丈夫、定年まで面倒を見てくれると高をくくっていたのだ。考え方が甘かったのだ。

実力主義への流れは、突然に日本の社会に現われたわけではない。もうずいぶん前から、世の中はそうなるという警告が出されていた。そのことに気づき、いち早く仕事に対する考え方を変えなければならなかった。四〜五年で認められる成果を上げると心に誓い、実際に努力していたなら、むざむざリストラを受けることもなかったと思う。リストラは、自分の努力のなさの現われと諦め、そのことをテコにして新たな挑戦を始めればいい。リストラされたからといって、人生が終わったわけではない。むしろ、新しい時代の波を肌で知ったと考えて、前向きに、次は自分を高く売る仕事を見つければいいと思う。実力主義の社会とは、まずそのことに気づいて、自分から積極的に何かを始めるところから出発するからだ。

それよりもむしろ、仕事は大して出来ないのに、社内遊泳術にだけはたけていて、リストラもされずに残った人の方が問題だろう。彼らの多くは、競争と実力の時代が来てもなおかつ、ひとつの会社にしがみついて離れようとはしないタイプだ。五年で会社を辞めろと私が提唱しても、「五年で辞めては出世ができないではないか」と反論してくるタイプだ。こういうタイプが日本の企業には多いから、なかなかグローバル化が出来なかったのである。

彼らにとっては、仕事よりも地位が大切なのである。仕事を磨くよりも、地位が上がって、接待費でゴルフなどに行ける方がいいと考える。毎週、毎週、接待ゴルフに招き、招かれるのが無上の楽しみだという俗物だ。

だが、バブルの時ならまだしも、今やこのようなことが許される社会ではなくなっている。企業同士も自由な競争の中を生きぬいていかなければならない、非常に厳しい状況にある。大企業でも簡単につぶれてしまうのだ。そして、出世オンリーの肩書き主義者は、会社がダメになった時には、単なる紙クズ同様に扱われてしまうのだ。彼には特筆すべき仕事も、実績も、実力も何もないことが、その時判明するからだ。地位や肩書きは、実力主義の時代には不要なものなのである。

ビジネス・ルネサンス時代の到来

このような社会背景があるとき、ひとつの会社に忠誠をつくすことが、いかにむなしいことであるかがわかるだろう。出世したところで、大したことはない。先行きは誰にもわからない。大企業、大銀行といえども同じだ。つぶれるとまではいかずとも、合併のあおりを食って地方へ飛ばされることもあるだろう。そんな不透明な地位に居座っていったいどうするというのだ。

グローバル競争の時代は、個人は自分の身を守るためにも、野球の選手のごとき実力を身につけなければならない。その実力を会社が認めて、イチロー並みの報酬を約束するというのなら、会社に残ってもいいだろう。その上での出世なら考えなくもない。

しかし、旧態依然とした給与体系を守り、能力ではなくポジションだけで給料が決まるような会社にいても仕方がない。会社に安定感がなくなり、存続さえも危ぶまれている時に、誰がそのポジションの面倒を見てくれるというのだ。ましてや、給料も入らなくなった時の手当ては誰がしてくれるというのだ。会社なのか。ノーである。自分のことはすべて自分でやらなければならないのだ。

そのためにも、誰にも負けないほど自分を磨き、腕一本、頭脳一つ、発想一つで生き残っていく実力を持たなければならない。そして成果をあげ続けなければならない。

そして企業もまた、そのような社員をこそ優遇するシステムに変えていかなければならないだろう。個性豊かで、すぐれた発想を持つ者こそが、企業にとっては必要な時代なのだ。そこからしか、新しいビジネスが生まれていかないからだ。マンネリ化したビジネスは衰退を生むだけだ。それを打破し、絶えざる前進と進歩とを続けていくことこそが、企業にも、社会にも、国にも求められている。そしてそれは、組織や集団ではもはや不可能だということがわかってきた。組織に頼る時代は終焉《しゅうえん》したのである。

新しい時代は、歴史がそうであったようにやはり偉大で独創的な個性が導いていく。あの素晴しい文化が華ひらいた古代ギリシアやルネサンスの時代がそうであったように。個性を認めることこそが、社会や文化の活力になる。

そういう意味でも二一世紀は、ビジネス・ルネサンスの時代といえるだろう。個人の能力を重んじ、そこから生まれるビジネスが世の中を変える。いまの日本の没個性的な会社主義の社会システムを改めなければ永遠に日本の未来は華開くことはないのである。

今回の訴訟で私が勝ち、特許権か、あるいは数百億円単位の支払いを得ることができれば、サラリーマンと企業との関係はガラリと変わるだろう。企業が個人の能力を認めざるを得なくなるからだ。そうなれば、企業は個人の能力を重視する仕組みをつくらざるを得ない。そういうシステムの転換をすることによって競争せざるを得なくなるだろう。

これまでの個人を奴隷として見る見方を変え、個人を復活させること。そのことこそがビジネス・ルネサンス時代の幕を開けることになるのである。

まず、自分自身の成功哲学を持つ

企業と個人との関係を根本から変えるためには、個人の能力を高めることがまず第一になる。平々凡々たるサラリーマン生活を送っていても、それはただ単に、殿様と家来との関係を強化するだけにすぎない。それがひいては、私のように〝スレイブ〟と呼ばれることにつながってしまうのだ。

　サラリーマンがサラリーマンに安住していては、いつまでたってもその地位も能力も、能力に対する報酬も変わりはしない。サラリーマンも変化しなければならない。そのための一つの方法として、私は、自分の能力を磨くために「みんなで会社を辞めよう」と言っているのである。安定にすがりつき、それを失うのではないかとおどおどしているよりも、思い切って飛んでみようと提案しているのだ。〝見る前に飛べ〟。この行動するサラリーマンこそが、これからは求められている。

　とはいえ、あくまでもそれは、〝自分の能力を磨く〟という条件がついていることを忘れないでほしい。何の実力も、何の成果もない者が飛んでも、谷底で頭でも打って死んでしまうだけだ。

　会社を辞めるためには、辞めても大丈夫なような、いや、辞めてもっとはばたけるような実力と実績とを身につけておく必要がある。あくまでも、自分の能力をもっともっと磨いて、もっともっと報酬を得、もっともっと自分を高めていくために、ということが大前提となるのである。

　では、どうやったら自分の能力を高めることができるのか。一つ大きな問題としては、教育の問題が上げられるが、これについては後で述べる。

もう一つは、私が青色発光ダイオードの完成へと至る道が参考になるのではないかと思う。東大でも京大でも大企業でもない、単なる田舎の中小企業のサラリーマン研究員に、なぜこのような大それた発明ができたのか。それは、私自身に一つの確固たる人生哲学があり、それを貫いたからだ。それは今でも変わっていない。この哲学があるからこそ、私は次の開発にも成功すると信じて疑わない。あるいは、何事にぶつかろうとも、決してひるんだりはしない。これこそが、私自身の成功哲学であり、私の能力を高め、私を成功へと導いてくれる道だからだ。

私はこの成功パターンを、数多くの失敗を重ねることによってつかみとることができた。そしてその失敗の原因の最大のもの、私の成功の足を引っ張った最悪なものこそが会社だった。組織というもののあり方、日本の会社システムがどんなに個人の能力を阻むものであるか。

もしも私が、自分の成功哲学を築くことなく、そのまま組織のいいなりになっていたなら、たぶん青色発光ダイオードは完成しなかった。本当に二〇世紀中には無理だったかもしれない。しかし、私は、組織の論理にはかまわず、自分自身の成功哲学を貫いた。それが好結果を生んだのである。

サクセス・ストーリーを本心から信じるアメリカ人

成功というのは誰にでも可能なことだ。一つの成功への哲学と、それに挑戦するチャレンジ精神さえあれば、たぶん可能になる。そこに自由な発想とそれを受け入れてくれる土壌さえあれば、別に専門知識や最先端の技術などなくとも大丈夫だ。アメリカでベンチャーがあれ程盛んなのは、そのことを皆知っているからだ。専門性や学術性が成功を生むのではなく、独創的な発想と独自の成功哲学こそが、本当の成功を生むことを知っているのだ。彼らの回りには、そのようなサクセス・ストーリーを持つ人があふれる程いる。

アメリカ人たちは、そのサクセス・ストーリーを目で見、耳で聞き、肌に触れて知っているのである。だから、どんな人間でも、自分もなれると思っている。学歴や専門知識などなくとも成功し得ると、本心から思っているし、また実際にそうなのだ。日本のようにサラリーマン物語だけの国とはその根本において考え方が違うのである。

私はアメリカへ渡る前から、学会や会議に出席する度にアメリカ人のような考え方をすると言われてきた。組織や会社というようなものには頼らずに、個人の能力だけを信じてサクセス・ストーリーを築きあげようという点においては、まさしくそうだと思う。十分な成果を上げられれば、それによって十分な報酬を得るのに何のさしさわりもないと考える点においてもそうだろう。そして実は、アメリカへ渡って気がついたことなのだが、私が築き上げた私自身の成功哲学においても、アメリカン・ドリームを実現した人たちと類似している点が数多くあったのである。

それが何か、を知ってもらうためには、私自身のことについて知ってもらわなければならない。ノーベル賞候補、ノーベル賞に最も近い男といわれ、実際そのアメリカ版ともいわれるベンジャミン・フランクリン賞を受賞したこともあってか、私が子供の頃からその才能を発揮した天才少年であったかのように思われているようだ。だから、「どんな少年時代を過ごしたのか」という質問をよく受けるようになった。どんなにすごい秀才であったのだろうという興味からなのだろうが、実際は全くその逆だった。

まるで勉強した記憶がない程の平凡な子供で、どちらかといえば関西弁でいう「鈍くさい」子供だったのだ。

第4章

悩み続けた学生時代と「異邦人入社」

お茶の水博士にあこがれて

私は一九五四年五月二二日、愛媛県の西宇和郡瀬戸町大久《おおく》に父・友吉、母・ヒサエの次男として生まれた。今年で四八歳になる。

瀬戸町というのは、日本でも最もひょろ長い半島といわれる佐田岬半島の中ほどにあり、典型的な過疎地だ。幼い頃にはバスもなく、木の船で隣町に渡ったりした。気候は温暖でみかんの木と段々畑しかないようなのんびりした土地柄だった。そんな土地柄のせいもあってか、私ものんびりとした生活を送っていた。

小学生の頃はとくにそうで、今の都会の子供のように、やれ塾だ、やれ稽古《けいこ》事だというようなことは全くなく、遊び暮らしていた。勉強など二の次、三の次。小学校時の成績は、算数と理科が五段階評価の四で、体育が四か三、あとはほとんどが二の、劣等生に近い普通の子だった。

野球、サッカー、缶蹴《け》り、探検ごっこなど、当時の子供の遊びのすべてに熱中した。小学生の頃の夢は、ロボットをつくる科学者だった。「少年サンデー」や「少年マガジン」の科学物の漫画に夢中で、とくに、手塚治の『鉄腕アトム』には大きな影響を受けた。あのお茶の水博士にあこがれて、こんなロボットをつくるような科学者になれたらいいな、と思ったのである。

当時は村だった瀬戸町には中学までしかなく、長男はともかく、村の次男や三男の多くは、中学卒業後は大阪や東京へ集団就職するのが普通だった。私も次男だから、そのつもりでいたのである。

しかし、父の転勤によって、高校進学の道が開けた。父は四国電力の社員で、変電所の保安係をしていたのだが、私が小学校二年の時に、近くの大洲市に転勤になったのだ。私も転校して大洲の小学校から大洲北中学校へと進んだのだが、相変わらず成績はかんばしくなかった。

小学校の時から、数学と理科は好きだったせいもあって成績はまあまあだったが、歴史や地理といった、いわゆる暗記物が全くダメだった。成績が悪いせいもあって、歴史や地理の授業となると考えただけで虫酸が走るのだった。

中学に入って驚いたのは、成績の上位二〇番以内のできる生徒の名前を廊下に張り出すことだった。私はどういうわけか、クラスの学級委員に選ばれていたのだが、学級委員はだいたいが出来のいい子で、名前を張り出されていないのは私だけだった。

これはかなり格好の悪いことだった。これはまずい、そう思って、試験の前日になると一夜づけで勉強をするようになった。自分で進んで勉強するのはこれが初めてといってもいいだろう。嫌いな暗記物にも多少なりとも手をつけたおかげで、二年生の頃にはようやく成績優秀者の表に名前が載るようになった。卒業前には、たまに五、六番まで上がるようにはなっていたが、それでも勉強のほうはあいかわらずの一夜づけばかりだったのだ。

納得しないことはやらない

今の子供たちは、小学生の頃から自分の成績を気にし、偏差値を上げるために自分から進んで勉強するようだが、それに比べれば、呑気《のんき》なものだった。今の社会で育っていたなら、私は完璧《かんぺき》なおちこぼれに入っていただろう。

のんびりやっていたこともそうだが、全課目で満遍なく点数を取るということが苦手だったからだ。いつまでたっても歴史や地理といった暗記物はうまくいかなかった。どう考えても、なぜ歴史で何年何月に何があったかということを覚えなければならないのか理解できなかった。私にとってはそんな過去のことや外国の出来事などどうでもいいことだ。そんなことに時間を費すのが無駄に思えて仕方がなかったのだ。先生に聞いても、試験に出るからとか、入試に必要だからというぐらいで、納得できる説明はしてもらえなかった。自分で納得していないことに熱中できるわけがない。一夜づけぐらいはやるけれども、それ以外では一切やろうとしなかった。それが自分のやり方だったのだが、そのために成績が上がらなかったことも事実なのだ。

しかし何も苦にならなかった。自分で納得しないことはガンとしてやらないという姿勢、逆にいえば納得しなければやらないという自分のやり方を貫くことの方が私にとっては大切だったのだ。

勉強に身が入らなかったもう一つの理由は、クラブ活動に熱中していたからだ。これも普通の中学生ならよくあるパターンだと思う。しかし私の場合には、今から考えると、このクラブ活動での経験が後の研究・開発生活に非常にプラスになったと思っている。それは何だったのか。

私は、兄がバレーボール部のキャプテンをしていたため、誘われて入部した。兄がキャプテンだから練習をさぼるわけにはいかない。おかげで、一年生の時からクラブづけ。放課後は真っ暗になるまで練習、という毎日だった。

しかもその練習たるや、極めつきのスパルタ式練習だった。理屈も何もない、ただ厳しく体を鍛えるだけの単純なものだった。しかも大洲北中学のバレー部は伝統的に練習熱心で、朝練、夕練はもちろん、土曜も日曜も祝日もない程だったのだ。とにかく、文字どおり三六五日練習。そんな部活をしていて成績などよくなるはずがない。私などは二〇番内に入ったのだからまだましな方だったと思う。

ところが、こんなに一所懸命練習しているのに成績は常にビリだった。地区大会といっても大洲市には三チームしかなかったのだがそれでも最下位という弱小チームだった。それもそのはずで、顧問の先生はいたのだが、なぜかいつも女子の指導ばかりしていて、私たち男子バレー部は見てくれない。「お前らにまかせる」というのは一見、物わかりがいいように聞こえるが、実際は、どうでもいいと言われているようなものなのだ。

だから、男子部員たちは、練習メニューもやり方もすべて自己流でやらなければならなかった。中学生などまだ子供だ。どういうやり方が効果的で、どういうインターバルで練習すればいいのかといった理論的なことなど知らない。キャプテンの私の兄も含めて、全員、ただひたすら練習すれば強くなれるとしか考えていなかった。だから、自己流の練習をただ繰り返すだけ。これではいくら練習しても強くなるわけがなかったのだ。しかし、途中でやめることもなくとにかく三年間びっしりと続け、そのまま高校へ入ってもバレーを続けることになる。

本当は、高校ではやりたくはなかった。いくら練習してもうまくならないという事実を知ったこともそうだが、運動能力の限界を感じていたからだ。しかし、もともと人に頼まれると断れない性格が災いして、引き受けてしまった。高校のバレー部というのは名ばかりで、私が入部しなければ六人制バレーの人数が不足するというような情けない状態だったのだ。だから、中学からの友人に誘われて、やむなく入部した。

が、大洲高校のバレー部も、中学と同様、まったく弱かった。県大会では常にビリだった。さすがに高校生ともなると知恵が回り、これではいかんと、バレーボールの本を読んだりして練習方法や試合のやり方などを研究したが、時すでに遅しという感じだった。多少の進歩はあったのかも知れないが、中学の時と同じように、自己流の練習だったのだ。だから結局は、大して上達はしなかった。

独自のやり方を貫き通した自信の誕生

しかし、今から考えるとこのバレー部での経験が、後の研究生活には良い影響を与えたと思う。中学・高校と、実績は残せなかったけれども、人には頼らずに、独自のやり方を貫き通したという自信がこの時培われたと思う。人の力を借りずに、自分の力だけで努力する心構えを学んだような気がするのだ。それは、自己流を貫くことの大切さといったようなものだろう。

先生に指導されて、手取り足取り練習させられれば、確かに強くなれたかも知れない。中学か高校かのどこかの時期で、いい成績が残せたかも知れない。だから、結果を早く求めるなら、指導を受けた方がいいだろう。それが、世間一般の考え方だしやり方だ。今の教育現場などその最たるものなのではないだろうか。

しかし、私はそうではないと思う。私が中高の部活で手取り足取りの指導に慣れてしまっていたら、いつまでも先生や過去のデータにこだわり、自立したやり方が出来なかったと思うからだ。後に青色発光ダイオードを開発する時に、私が行った実験態度は、まさしく、中学・高校の部活の時のやり方と同じようなものだった。人には頼らず、自分のやり方を貫く。これだったのだ。

確かに、結果を求める人たちにとっては、このようなやり方は馬鹿げていると映るだろう。お前のやっていることは、どこの本にも書いてある。そんなことに時間を費すぐらいなら、次の過程へ進んだ方がずっと効果的だと誰しも言うと思う。本に書いてあることや指導者や先輩の言うことを聞いていれば、早く上達するし、早くいい結果が得られるというわけだ。

確かにそうだ。反論の余地がない程、正しいことのように思える。しかし、と私は言いたい。そこにはいったい、どのような独創的で面白い方法があるというのか。指導者や先生の教えの中にあるのは、すでに先生や指導者が知っていることであって、それは何ら独創的でも創造的なものでもないではないか。というよりも、それらは、先生や指導者のものであって、自分自身のやり方でも自分自身の考えでもないではないか。そのようなことを教わったからといって、あるいは、そんなことを知ったからといって、自分自身にとって何の役に立つというのか。

私にとって大切なのは、そのような他人の考えややり方なのではなく、自分独自のやり方であり考え方だ。そうでなければ工夫や独創性は生まれない。独創的な仕事をするには常に自分自身が自立していなければならない。誰かの物真似や他人のやり方を踏襲するところからは何も新しいものは生まれてはこないのだ。

学校の成績など気にする必要はない

私は、中学・高校のバレー部で、新しいものを創造していく時に不可欠な、自立の精神を学んだのだと思う。そして同時に、早急に結果を求めるよりも、迂遠なやり方かも知れないが自分で納得するまで努力することの方が大切であることも知ったのである。

クラブづけの生活だったため、高校生になっても成績は上がらなかった。得意科目は数学と物理だけ。といっても、これらの科目が他にぬきん出て成績がよかったのかといえば、決してそんなことはなく、五段階評価のせいぜい四ぐらい。なかなか五までは行かなかった。英語もまあまあだったが、他の科目はほとんど壊滅的。国語や社会はいつも赤点だった。暗記嫌いは中学から続いていて、嫌いだから机に向かってもさっぱり頭に入らない。落第するといけないので、試験の前には勉強することはするけれども、いつも、どうしてこんなに嫌いなことまでやらなければならないのかと思っていた。

しかし、大洲高校もたぶん他の進学校と同じように、いやでも成績を意識せざるを得ないような仕組みをちゃんとつくっていた。二〇〇人の生徒全員を一番から二〇〇番まで成績順に並べ、順番に一組から五組に振り分けるのである。一組は成績の一番いいクラス、二組はその次、五組は悪い奴ばっかりといった具合だ。私は運よくいちばん成績のいいクラスに入ることができた。とはいえ、成績は四〇人中四〇位前後で、クラスでは最下位で上がれたということだった。

その後も、学校の試験や大学受験の模擬試験はいつも二〇番から四〇番ぐらい。在学中、たまにヤマが当たったり調子が良くて一〇位ぐらいになることはあってもそれはまぐれみたいなもので、だいたい一組での下位二〇位内が定位置だったように思う。

そんな私を見かねて、担任の先生が「運動部にいると成績が落ちて、下のクラスに落とされる。バレー部をやめて進学に専念した方がいいのではないか」と言ってくれた。実際、陸上部にいた同じクラスの生徒は、勉強についていけずに、下のクラスに落とされていた。

だが、私は結局最後までバレー部をやめなかった。せっかく一所懸命にやっているバレー部の仲間たちを裏切ることができなかったからだ。だから、クラスの他の生徒がみな、大学受験のための受験勉強に精を出しているというのに、私だけはあいかわらずバレーボールの練習に明け暮れていた。

明るい未来を予感させた電子工学との出会い

そういう状態だったから、大学を決めるのもかなりいいかげんだったように思う。今の生徒たちのように、入試についてあれこれ調べたり、志望校の入試問題だけを集中的に検討するなどということはまったくやらなかった。というより、どのような大学があるのかさえ知らなかったのだ。

さすがにクラスの他の生徒は私とは違って、ある程度は調べていたようだ。たまたま、出席番号が近い連中と仲良くなっていたのだが、彼らは徳島大学を受験するという。愛媛県には松山市に愛媛大学があるのに、なぜ徳島まで行かねばならぬのかと、若干疑問に思って聞くと、徳島大学は、英語と数学と物理の配点が高いという。今はどうなのかわからないが当時はそうだった。暗記物に弱い私は一も二もなく飛びついた。数学と物理は得意で、英語もまあまあだったから、これなら合格すると愚かな私は考えたのだった。

学部は、本当は理学部へ行きたかった。さすがにお茶の水博士の夢は現実的に軌道修正して、好きな物理を選択し、行く行くは物理学者になりたいと考えていたからだ。しかし担任の先生に「物理などやっても就職できなくなる」といわれて、やむなく徳島大学の工学部へと進学を決めたのだった。

ただ、この時の選択は、私にとっては失敗だった。それまでは、何事についても、ある程度は自分で納得してやってきた。バレー部をやめなかったのもそうだし、徳島大学を選んだのも浅知恵とはいえ、また友人たちにお前も受けろと勧められたからとはいえ、自分では納得した選択だった。しかし、学部の選択においてだけは、自分の選択よりは、利害得失を考えてしまったようだ。「就職できないぞ」という言葉に惑わされてしまったのだ。自分の進む道を選ぶときには、とくに若い時には、利害得失を考えると、あとで後悔することになる。私も、工学部へ入学しながら、ずっとそのことが気になっていたし、今でも物理をやってみたいと思っているくらいなのだ。ただ私の場合に、ついていたのは、電子工学という物理に近い学科があったことだ。

大学三年の時だったと思うのだが、徳島大学の福井満寿夫先生の電子物性工学という講義を聞いて、大いに感銘を受けたのである。先生は、すべての材料の物理的な特性を、電子物性理論によって解明してくれた。この講義を聴いて、これなら好きな物理に近いという感触を得たのだった。

それまで、工学部に入ったけれど大学の授業が面白くなく、理学部を選ばなかったことをくやんでいた私にとっては、この電子工学の分野は、まさしく探し求めていたお花畑のように明るい未来を予感させるものだったのである。

私の場合にはこのように、大学に入ってから自分の進むべき道を見つけることができたからよかったが、やはり、将来についての選択は、周囲の雑音には惑わされない方がいい。私の体験からもそうだ。自分がやりたいこと、自分の目ざすものがあれば、たとえそれが将来的にあまり光が当たりそうではなくとも、思い切って進むべきだ。そこで迷って、結局は自分の意志を曲げ、利害得失で動いてしまって失敗した人は大勢いる。

一八歳、反逆児へと大変身

ある意味では、先のことなど何もわからないし、誰にも予測はできない。だいいち、成績優秀でもない私が、世界的な発明などすると、その当時、誰が思っただろうか。高校の先生も、大学の先生も考えもしなかっただろう。私自身すら考えもしなかったことなのだ。

それは何も私だけに限ったことではない。どのような職業に就こうが言えることだ。あの銀行さえも、今や統廃合を繰り返す時代になっているではないか。一昔前には考えられないことだし、私が若かった時代の銀行といえば、どの銀行だろうとまさに、大丈夫に輪をかけたくらいに大丈夫なところだった。今のような状態になろうなどとは、誰も思わなかったのだ。それは造船業についてもしかり、また、各種の製造業においてもしかりなのである。

この何年かの間にそれ程激しく変化する時代になっているにもかかわらず、ただひたすら将来の安定だけを考えて、自分の意志を曲げるなど、愚の骨頂だろう。せっかく将来の利を考えて選んだところが、ダメになってしまえば、それこそ悔んでも悔みきれない。そんな馬鹿な状況に陥るくらいなら、多少のリスクはあっても、自分の意志を貫いた方がいい。

そういう意味からいっても、私の学部選択は間違いだった。まだ高校生だったということもあるし、また、田舎ののんびりした雰囲気の中で生活してきたせいもあって、何とかなるだろうぐらいの甘い考えしかまだ育っていなかったのだ。

というよりも、高校までの私は、ものごとを自分で決めるという強い意志が持てないでいた。確かに、クラブ活動も大学進学も、自分で納得していたとはいえ、友達に誘われるまま、先生に言われるままで決めただけなのだ。そこに自分の強い欲求や意志があったわけではなかった。自我というものがまだ育っていなかったともいえるだろう。先生や友達のいうことを素直に聞くいい子だったのだ。だから、自分のことよりも友達づき合いを大切にした。自分のことを犠牲にしてまで友達とつき合った。バレーボールを中・高あわせて六年もやったのは、自分が好きでやったわけではなく、多分に友達づき合いの方を優先させたからだ。しかし私は大学一年の一八歳の時、このままの状態では、何も進まないと気がついた。そこから、いい子だった私は、反逆児へと大変身したのである。

そして、下宿に「引き込もった」

大学に入ってまずショックを受けたのは、その授業のつまらなさだった。あまりにも期待していたものと違っていたのだ。大して受験勉強をしたわけではないのだが、それでも、大学へ行けば好きな勉強ができると励まされて勉強してきた。その希望があったからこそ、嫌いな暗記物にも手をつけた。

しかし実際に入学してみるとどうだったのか。教養課程は、世界史だの外国語だの、古典、心理学だのと覚えなければならない科目ばかり。それも必須科目となっているからやらざるを得ない。これではまるで、高校の延長みたいなものではないか。

大学に入ったら、嫌いな暗記物などには目もくれず、好きな物理や数学を思う存分やってやろうと意気込んでいた私は、現実とのギャップにショックを受けてしまった。そして、今の言葉でいえば、完全に「キレて」しまったのである。といっても、キレて暴れたわけではない。その逆で、キレて下宿の部屋に閉じ込もってしまったのだ。いわば引き込もりの状態になった。

なにせ、大学へ行ってもつまらないことばかりだ。そんなことに時間を費すくらいなら、好きな物理の専門書を読みふけっていた方が私には楽しかったのだ。そういうわけで、ほとんど日がな一日、部屋に閉じ込もった生活を送るようになった。数カ月も、まるで〝修行僧〟のような生活を送るうち、ある日突然として、これまでの人生、これまでの自分の生き方は間違っていると気がついた。友達づき合いや、先生の言う事を大事にするあまり、自分の本当に好きなことがやれていないことに気がついたのである。いつも妥協ばかりしてきた自分に思い至った。このような生き方をしてきた自分を後悔した。そして、どうすべきか思い悩む日が続いたのである。物理をやりたいのにそれがかなわないことに、焦《じ》れたりもした。下宿で物理の本を読めば読む程、専門的に物理をやってみたくなるのだった。しかし現実には、教養課程なるものに縛られる。

ジレンマに押しつぶされて、大学などやめてしまおうと、何度も思った。しかしその都度、母から「大学だけは卒業してくれ」と泣きつかれた。仕方なく半年ぶりぐらいに修行僧の生活をやめて大学の授業に出ると、もう私のことなど知っている学生は一人もいない。それでも親しげに「どうかしたのか。体でもこわしたのか」と気づかって話しかけてくれる学生が何人かいたが、私は意図的にすべて無視した。そういうことにかかずらっては、これまでの生活と同じになってしまう。失敗した人生を送らないためには、これまでとは一八〇度違った生活を送ろうと決心していた。だからそのような無礼な態度も平気で取れたのだろう。

かなり極端な行動もした。高校から一緒に徳島大学に入学した三人の友達はみな下宿住まいで、お互いの下宿を訪ねては酒ばかり飲んでおだをあげていた。下宿住まいの寂しさをまぎらわせようとしていたのだが、そんな彼らに私は、突然のごとく「もうお前たちは俺の下宿には来るな。邪魔になる」と宣言して絶交してしまったのである。

事情がわからず彼らは驚いたのではないかと思う。しかし私にしてみれば、同郷の友人をも遠ざけなければならない程、思い詰めていたといえる。何がなんでも人生を変えてやる。それが自分のためであり、人の犠牲にならない唯一の方法だと思い定めていたのである。

自分で考え、自分で決めて行動する

このような考えから、まるで世俗を離れるのが当然のような生活になった。家賃五〇〇〇円の安アパートの一室で、ひたすら専門書を読みふけり、あとは沈思黙考するような生活。そういう生活をすることによって根本的に自分を変えようと思ったのだ。

自分一人で、自分だけの生活を送っていると、周囲のことが実は自分にとってはさほど重要なことではないことに気がついてくる。これまでは、先生が言うことや本に書いてあることが正しいことで、そうでないことは間違いだった。社会生活においても、友達とつき合うことや学校に行くことが大切なことで、そうでないことは役には立たないことだと思われている。

しかし、一人になってつらつら考えてみると、それらのことは、自分自身にとっては何ら役に立たないことに思えてきた。自分を中心にしてみると、あらゆるものが疑問に思えてくるのである。正しいことだ、いいことだと世間的には、あるいは一般的には言われているけれども、自分を中心においてこれらを見直してみると、必ずしもそうとは言えない。いや、疑ってしかるべきことばかりであることに気がつくのである。

しかも、これら周囲の様々なことの犠牲になって生きている。常識と言われることを鵜呑《うの》みにして、それに縛られて生きている。それらの犠牲にならなければならない仕組みに社会はなっているのである。だから、常識から外れれば、あいつは変人だとかと呼ばれて軌道修正をせまられる。こうして、世間は常識人ばかりになってしまうのである。彼らはお互いに犠牲になりながら、ある意味ではそれが当然だとあきらめて生活している。社会や人と妥協して生きていくことが大人の生き方だというわけなのだろう。

私は沈思黙考する生活を送りながら、そんな馬鹿なことがあるだろうかと考え始めていた。私自身がずっと周囲の言うがままに生きてきて、それではダメだと気がついたのだ。妥協ばかりして生きてきたために、結局はどうなっているのか。やりたくてたまらない物理を専門的にやることさえできなくなっているではないか。ということは、自分以外のすべてのことは疑ってかからなければならないということだ。彼らの押しつけは、世間一般や学識や利害得失から来たもので、自分自身のためになどなるものでは決してない。それらに惑わされて生きていくために、たぶん多くの人はあとで後悔するのだ。そして後悔した時には、もうあとの祭りであることがほとんどなのだ。

ならば「自分で考えて、自分で決めて行動する」しか方法がないではないか。そうすれば、絶対に後悔することはない。私は一八歳の大学一年の時に、やっと自我に目覚めたのである。

そして、この考えを貫き通そうと心に決めた。幸運なことには、それからしばらくして大学三年の時に、福井満寿夫先生の電子物性工学と出会うことになる。こうして私は、材料物性工学の講座に入ったのである。ここでの研究は、まさしく、自分で考え、自分で決めてモノをつくるという、私の生き方そのものだったのである。

こうして私はますます材料の研究にのめり込んでいった。「自分で考え、自分で決めて行動する」という人生哲学が、そのまま生かせるということ程幸せなことはないからだ。大学の一年生の時に目覚めたこの強烈な自我を、私はその後も持ち続けた。青色発光ダイオードの開発という大それたことができたのも、実はこの自分流のおかげだった。常識や誰もが一致する考え方や、専門という名の権威の一切を排し、ただひたすら自分で考え、自分で決めた。それが、今の成功をもたらしたのである。

面接で飛び出した「教育問題」

自分独自の人生観を持ってから、ますます材料についての研究が楽しくなった。何ら迷いがなくなったからだ。もっと研究を続けたくて、大学に残って二年間の修士課程に進むことにした。

だから、社会に出たのは修士を修了してからだ。就職先については、大学からの推薦が主で、京セラや松下電器産業、東芝などの研究所から声がかかっていた。だが、実は松下電器には落とされてしまった。面接で落とされた理由は「理論的すぎる」というものだった。モノづくりに理論はいらないということなのだ。私が理論に終始してしまったのは、大学での授業の影響がある。徳島大学は国立大学とはいえ地方大学であるため、国からの助成金が不足し、モノなどつくる予算がなかった。だから、授業は理論ばかりだったのだ。私が落とされたのも、当然の成り行きだったといえよう。

松下電器の次に面接を受けたのが京セラだった。松下さんを落とされた教訓を生かして、この時には理論のことは一切話さなかった。ただひたすら、モノづくりが好きだ、モノづくりが大切だとお題目のように繰り返したような気がする。そのせいなのかどうなのか、京セラからは内定をもらった。京セラは、当時材料分野では日本でもナンバーワンの実績を持つ会社で、急成長している会社だったのだ。

実は、この京セラの面接の時に、当時の社長の稲盛和夫さんに面接を受けた。稲盛さんはもうお忘れだと思うが、私は割と鮮明に覚えている。それは、その時、私が今でも切実な問題として考え、事あるごとに主張している意見を稲盛さんの前で言ったからだ。稲盛さんはこの時、「あなたは、今の社会の問題点は何だと思いますか」と私に質問した。私は日頃のう積した考えをすぐさまはき出した。「受験制度だと思います。子供たちは、小さい頃から受験、受験で明け暮れています。これでは子供の創造力が伸びない。今すぐこのような受験制度は廃止すべきです」といったのである。

稲盛さんは、企業の面接で教育問題が飛び出してくるとは夢にも思わなかったに違いない。しかし、私はその当時から、心底そう考えていた。そしてその考えは、今でも変わらない。京セラに内定したのは、ひょっとすると、材料分野でのエキスパートとして私を認めてくれたのではなく、面接の席で妙なことを平気で発言するその度胸のせいだったかもしれない。

いずれにせよ、自分流を確立してからの私は、どんなところでも、誰にでも、物おじせずに率直に発言するようになった。自分で考え、自分で正しいと納得できれば、それを発言して何をはばかることがあろうか、ということだ。他人の目や、他人に妥協する必要など何もないから、堂々と自信を持っていられるのだろう。

ともあれ、せっかく内定を得ていたのに、結局京セラへは就職しなかった。それは、まったく、私自身の個人的な、やむを得ない事情があったからだった。

子育てのために日亜化学へ就職

実は、私は修士課程を修了する時には、すでに結婚していて、子供までいたのである。卒業したら大都会へ出て就職しようと当初考えていた私は、この事実につき当たって、根本的な方向転換をせまられることになる。それは、子供を都会で育てるか、田舎でのびのび育てるかという選択だ。迷ったあげく私は研究室の多田修教授に相談に行った。教授は、私の家庭事情をよく知っていてくれて、私のような田舎者で、しかも子供までいるような人間が、右も左もわからない都会で生活するのは苦労をしに行くようなものだ。家庭を持って、子供を育てるのなら、何も無理して都会へ出る必要などないだろう。田舎でゆっくり生活すればいいのではないか、と言ってくれた。これで目が開けた。迷っていたとはいえ、もともと私自身もそういう考えだったのだ。だから、仕事よりも子供を育てる環境を優先させることにした。親子がそろって生活するには、その方がいいと判断したのである。

こうして、せっかく内定を得ていた京セラへの就職はやめることにしたのである。そして、多田教授の世話で、教授の幼馴染《なじみ》が社長をやっていた、日亜化学工業へ就職することになったのである。会社は、田舎も田舎、徳島市よりもさらに南の阿南市にあった。京セラとは比べものにならないくらいの小さな会社だった。私は一九七九年、むしろ子育てのために、この会社へ入社したのである。

運命はどのように人を変えるかわからない。もしも私が京セラに就職していたなら、企業の仕組みの中に組み込まれ、一介の研究員で終わっていたかも知れない。大きな企業であればある程、その組織はきちんと出来あがっていて、個人の能力や独創性を生かすのが難しくなっているだろうからだ。

アメリカの若者たちがベンチャーを目ざすのは、ベンチャーなら自分の個性や能力を十分に生かせると考えるからだ。組織は小さな方が機動力があり小回りもきく。それだけ、個人の能力が発揮しやすくなる。自分の思いどおりに仕事をやれる可能性があるということだ。日亜化学は、私が入社した時にはベンチャー企業というには、年季が入りすぎていたと思う。しかし、会社の規模は小さく、従業員も一八〇人程度でその大半が地元阿南市の出身という、まさしく絵に描いたような地方都市の企業だった。しかし、当時はすでに蛍光体では国内トップクラスのシェアを誇っていた。実力を活かせる可能性を秘めた会社だったといえるだろう。とくに私のような者にとっては、ある意味では都合のいい会社だったのではないかと思う。

ストレプトマイシンから青い光へ

日亜化学工業は、私を採用してくれた前社長の小川信雄氏が一九五六年に創業した会社で、もともとは製薬会社だ。

小川さんは視力に難があったため、希望した士官学校には行けなかった。それで仕方なく、当時の高等高専、今の徳島大学の薬学部へ入学する。そして卒業後、太平洋戦争で激戦の続いたガダルカナルへ薬剤師として赴任するのである。

ガダルカナルは日本軍が一敗地に塗《まみ》れたところだ。多くの兵隊が戦死する中、小川さんは奇跡的に助かった。そして半死半生でさまよっている時、忘れられない印象深い物を見ることになる。それは、占領軍の部屋からもれる不思議な青い光だった。今まで見たこともないやさしく、青く光る物体。小川さんはこの青い光に感動する。そして、帰国できたらこの不思議な発光体を是非とも扱ってやろうと秘かに決意するのである。淡く、弱々しげだが、どこか温かみのある光、それが蛍光灯だったのである。

私は、小川さんのこの話を聞いた時、ある種の因縁めいたものを感じずにはいられなかった。私は科学者だから、因縁とか運命というようなこととは、程遠い世界で生きている。にもかかわらず、同じく青い光を求めて私も生きてきているということは、ある種の感慨をいだかざるを得ない。そしてこの感慨を覚えることに、私が日本人であることの証《あかし》を感じるのである。

それはさておき、故郷に帰った小川さんは、青い光のことは忘れ、当初は専門知識を生かした製薬会社を設立することになる。夢を追い求めるにはあまりにも厳しい時代だったのだろうし、現実的な選択をせざるを得ない状況だったのだ。だから、抗生物質という日本にとっては新しい分野の中の、ストレプトマイシンの生産を開始したのである。

面白いことに小川さんはこの時、私が青色発光ダイオードを開発した時と同じような体験をすることになる。日亜化学の製品は、高品質で一〇〇パーセント効く薬なのにもかかわらず、そのことが認められないのだ。単に新興のちっぽけな会社の製品というだけで、市場では五〇パーセントも効かない粗悪品と同じ扱いなのである。品質の良否など問題なのではなく、市場では企業ブランドだけが重要視されていたのである。

私が青色を開発した時も、まさに反応は同じだった。小川さんの場合と、私の場合とではすでに四〇年以上もの年月がたっている。にもかかわらず、社会の反応がちっとも変わっていないというのはどういうことなのだろうか。四〇年もの長きに渡って、あるいはもっと長い期間、日本は肩書きブランドに頼っていただけなのだ。これでは社会も人間も停滞する。

新しい発想と、独創性を受け入れる下地が全く出来あがっていないからだ。権威主義と慣例踏襲はお役所仕事と同じく、創造的なものも、良質なものも生み出しはしない。

小川さんもそのことに嫌気がさしてしまった。こんなことでは、良心的で品質の良い製品をつくろうと思えば思うだけ、会社は損をすることになる。かといって、品質をごまかすことなど、こと科学を学んだ者にとってはできようはずもなかった。というよりもむしろ、品質の良い製品をつくりたいというのが科学畑の人間の気質みたいなものなのだ。安い製品だといって自慢するよりも、良い製品だと自慢したい。それが科学バカのやり方だともいえるかも知れない。小川さんもそうだったのだ。

品質の良い製品を、良いとわかってもらうためにはどうすればいいのか。ストレプトマイシンなどの薬の場合には外見からはその良否はわからない。わかってもらうためには、品質を計器で計ってもらうのが一番だ。だが、薬にそれは不可能だ。ならばどうするか。扱う製品を変えればいい。計器で品質を測定できるものを扱えば、品質の良い製品で勝負ができる。そうすれば、科学屋のプライドを保つことができる。小川さんはそう考えた。彼の思いは強くなる一方だったという。

そんな時、ふと、あのガダルカナルでの青い光がよみがえってきた。あの時、自分はあの淡い青色に魅せられた。そして、生きて帰れたなら、日本であの青い光を光らせてやろうと考えた。小川さんはそのことに思い至ったというのである。しかも、蛍光体ならば、品質の良いものと悪いものとは一目でわかる。だから、品質の良い製品さえつくれば、必ず評価される。薬のような評価があいまいなものではなく、その正否はまさしく製品の出来いかんにかかわる。蛍光体は、小川さんの年来の夢と、現実的な希望との両方を一気にかなえてくれるものだったのである。

こうして、日亜化学は化学薬品メーカーであるにもかかわらず、何故か蛍光体も扱うという、一種独得な会社として変貌《へんぼう》していったのである。扱う蛍光体は蛍光灯やテレビのブラウン管に使われている蛍光体が主だった。それでも、蛍光体の特許を持つＧＥ（ゼネラル・エレクトリック）社から特許の使用権を得、人口五万人程の地方都市の会社にもかかわらず、蛍光体では国内トップクラスのシェアを誇る会社にまでなっていった。私が入社したのは、ちょうどその頃だったのである。

堂々たる人間としての自信

日亜化学で最初に配属されたのは開発課だった。小さな会社とはいえ、一応はメーカーだ。だから、開発課といえば会社の主要な製品を開発し、会社の今後を左右する非常に重要な花形のポジションと考えるだろう。確かに名目上はそうなのだ。しかし実際には、新製品が開発されなければ、何の役にも立たないお荷物課になりかねない。開発費と称する研究や実験に費す費用と人件費ばかりがかかる金食い虫の課となる場合が多いのだ。だから、日亜化学もその例にもれず、開発課とは名ばかりで、課員は課長以下わずか四人。当然ながら予算も少なかった。

そういう覇気の感じられないセクションへ、子供がいるとはいえ新入社員として配属されたわけだから、大学院まで修了している者としては不満の一つも言いたくなるのが普通かも知れない。やる気をなくしてしまう人がいても不思議はないと思う。

けれども私は一切気にならなかった。もともと、入社するに当たっては、部署などどこでもいいと考えていたからだ。営業へ回されようが、経理だろうが人事だろうがどこでもいいと考えていた。もちろん、研究・開発に携われれば一番いいとは思っていたが、最初から自分の希望どおりに行くとは、さらさら考えていなかったのだ。

これは、青色の開発・研究に携った者としていうのではなく、サラリーマン経験者としていうのだが、会社の配属についていちいち気にしていては、かえって成功がおぼつかなくなるものだと思う。組織の中での配置などある意味ではどうでもいいことだ。とくに新入社員にとっては、最初のセクションが気に入らないとか向かないかも知れないと思い悩むこと自体がすでに会社に負けていることになる。

思い悩み、迷えば迷う程、考えは消極的になる。発想がマイナスへと向かい、自分が本来持っているはずの面、創造的で自分らしい姿が出せなくなってしまう。そして結局は、組織の言いなりになって、自己を表現できなくなってしまうのだ。こうして組織迎合型人間が大量に生まれてしまうのだ。

堂々たる人間としての自信がこれからは必要となる。新入社員だからといってビビっていることなど何もない。どんな部署へ配属されても、自分は大丈夫だ、と絶対の自信を持っていることだ。この自信が、自分と会社とを対等の立場にさせてくれる。

私が日亜化学で、営業だろうが人事だろうがどこでもかまわないと考えていたのも、どこへ回されても大丈夫だという自信を持っていたからだ。といっても、営業などやったことないのにとか、経理のケの字も知らないのに自信など持てるはずがないと言うかも知れない。

私が言っている自信というのは、そういった実務上の経験からくるものを言っているわけではない。経験からくる自信などというものは、かえってモロいものなのだ。モロい経験にすがっていること程、危ないものはない。一度くずれると、もはや取り返しがつかなくなる程落ち込んでしまう。自分の経験が否定されることは、自分の人生が否定されることだ。死を宣告されていると感じることだってあるだろう。そんな危なっかしいものに自己の基盤を置くこと自体が間違っている。

例えば、東大だ京大だ、あるいは有名大学出身だ、有名企業出身だといっては喜んでいる人たちがそうなのだ。彼らはこの薄っぺらな経験を金科玉条のものとしてかざす。そのことがまるで、自分の人生のすべてであるかのように誇らしげなのだ。しかし、その中身たるやいったい何なのだろうか。何の実績も何の成果も成し得ていないのがほとんどなのだ。いやむしろ、中身がないからこそ過去の浅薄な経験にすがる。すがるよりも、それを盾にして身を守ろうとする。

だが、一旦、実社会の荒波にもまれ、実力という名の矢面に立った時には、ひとたまりもなく吹き飛ばされてしまう。浅薄な中身が露呈し、その恥辱に耐えられない者は、いつの間にか社会の片すみに追いやられてしまう。そして、過去の栄光だけをたよりに生きるようになる。場末の小さな居酒屋で、まるでついこの間までは大企業の重役か社長であったかのような顔をして、自分の出身大学の名のみを連呼するようになるのである。

彼らは、有名大学や有名企業にいたから、大丈夫だと自信を持って言ったことがあるだろうか。たぶん皆無だと思う。大丈夫どころか、絶えず、自分より出来のいい奴が自分の前に現われないかと不安がっていたはずだ。彼らの自信とは、単なる強がりにすぎない。そんな情けない奴など何ら相手にすることはない。

紆余曲折のない人生などあり得ない

根拠などなくても、大丈夫だと自信を持って言えることが大切なのだ。私はそうだった。とくに根拠があるわけではない。しかし、何があっても大丈夫だと漠然と思っていた。

新入社員で会社に入る時だから、普通なら不安が先になるはずだ。しかし私は違った。常識外れで、世間知らずだからだと言われればそうなのかも知れない。しかし、まだ何もやってもいないのにすべてについて大丈夫だという自信があったのだ。

その時には、この自信がどこから来るものかは、よくわからなかった。しかし、今ならはっきりと言える。それは、どんなことに対しても、自分のやり方で やれば大丈夫だということだ。自分のやり方さえしっかりと把握していれば、誰が何と言おうと、惑わされることはない。だから大丈夫なのだ。そして、時間や手間暇はかかるかも知れないが、自己流を貫くことが、自分にとっての唯一の道であり、それが成功へ至る道だということを知っておくこと。それが自信を生むのである。

とはいえ、新入社員の時には、まだ本当にそのことに気づいていたわけではない。自分で考え、自分で決めて行動するという、一八歳の時に悟った自我は、そのまま持ち続けてはいたが、それが社会へ出ても通用するものなのかどうかは、まだわからなかった。しかし、不完全だとはいえ、ある程度の自分流が出来あがりつつあったことは確かだろう。

　その自信が漠然とあったために、何があっても大丈夫だと思えたのだと思う。そして実際、この大丈夫の意識が、その後の私を支えていくことになる。

　一つは、周囲からの目だった。私はことあるごとに異邦人あつかいされた。私は当時徳島市に住んでいた。会社のある阿南市へは車で四〇～五〇分。会社の人間は、そのほとんどが阿南市の人だったから、徳島市から通うというだけでよそ者あつかいされた。しかも、もともと私は愛媛県の人間だから、そんな人間が、まるで誰も知らないような徳島県の田舎町に現われたのだから、夏目漱石の坊っちゃんばりの好奇の目で見られた。

　人のいい土地がらだけに、村八分にはされなかったが、田舎特有の排外的な態度をとられた。「あんた、なんでこんな会社に来たんや」とよく聞かれたが、言外に、「こんでもええのに」という意味が含まれているのは確かだった。大した理由などないから、適当に答えておいたが、ずいぶんと噂《うわさ》され、また不評をかったのかも知れない。入社早々からその一挙手一投足が見張られていたような気がする。

　その好奇の目は、私の専門にも向けられていたようだ。私の専門は電子工学だが、当時の社員からしてみれば、電子工学出の人間がなぜ、という気持ちは強かっただろう。同じ徳島大学から何人か入社していたが、みな化学系の出身だったからだ。日亜化学は化学薬品メーカーだから化学系の人間は当たり前としても、電子工学出身がなぜ必要なのかと不思議がられても仕方がなかったのだ。出身そのものからすでに私は、異端児だと思われていたのである。

しかし、その後発揮される私の異端児ぶりは、そんな生やさしいものではなかった。異端児というよりは、会社に対する反逆児となっていった。そして、反逆児となっても研究が続けられたのも、まさしく、この何があっても〝大丈夫〟の意識が常にあったからだと思っている。

つらつら考えてみると、私の場合にもそうなのだが、人生、何が起こるかわからないものだ。だいいち、ちっぽけな日亜化学工業などという会社に入社した時に、現在の私を想像できた人などいるだろうか。自分自身でさえ思ってもいなかった。カリフォルニア大学サンタバーバラ校へ赴任し、しかもノーベル賞候補だなどと言われるとは、夢にも思っていなかった。大なり小なり、人生などというものはそういうものなのだと思う。先の予測など誰にもできないものなのだ。

たぶん、私の場合にはその極端な方の例なのかも知れない。しかも、成功した方の例なのだろう。人によっては、逆に失敗で落ちぶれはててしまう人もいるだろう。そういう両極端があるからこそ、あまり紆余《うよ》曲折はしたくない、安定した人生を送りたいと、多くの人は思う。

しかし、実際には紆余曲折のない人生などあり得ない。安定した生活など歴史上どこにもない。というよりも、安定して何もない人生など、面白くも何ともないと思う。安定というと、何やら聞こえはいいように思えるが、本当は退屈と同義なのだ。安定した人生を願うというのは、退屈な人生を求めるのと同じことだ。安定志向とはそういうことだ。自分の人生を自分でつまらなくするだけだ。そこには、個性も魅力も、刺激さえもない。ただ、だらだらと日々を生きて、それを安定だといっているにすぎない。会社へ行って、ルーティンの仕事をかたづけ、帰りにパチンコ屋か居酒屋に寄ってウサを晴らすという日常の繰り返しが安定だというのは、小心者の考え方だ。

永遠のサラリーマンを求め、組織頼みの安定にすがりつくのは、人生の冒険者のやることではないだろう。少なくとも、これから社会へと船出しようとする若者のやることではない。それは、臆病者のやることだ。小心者の自己弁護に耳をかしてはいけないのだ。

大丈夫から生まれる「バイタリティ」

だいいち、私の例を見るまでもなく、先行きの人生などわかりっこない。何が待ち受けているかわからない。そんな予測のつかないことを気づかい、心配し、引っ込み思案になってビビっていても仕方がないではないか。自分の思いどおりには行かないのが人生だと割り切ることが大切なのだ。そして、思いどおりに行かなくとも、また、何が起ころうが、自分は大丈夫だと信じることだ。そして、そう信じていれば、本当に大丈夫になるものなのである。

それは、人生がある意味では偶然の積み重ねだからだ。論理的で整合性のある人生などありはしない。物事がすべて論理や合目的性によって成り立っているのなら、論理的で整合性のあることは安定を意味するから、それにならって生きていけばいい。安定志向は、人生が論理的に成り立っているのなら、正しい生き方になるのかも知れない。

しかし、残念ながら、人の人生などというものは、決して整合的ではない。まるで突発事故の連続のように、次から次へと、想像もしないような事が起こる。それが人生だ。偶然が偶然を呼び、それがいつの間にか必然になっているように見えるだけなのだ。

私の場合でいえば、たまたま偶然に、担当教授の紹介で日亜化学工業へ入社し、たまたま偶然に開発課へ配属され、そこでまた、運のいいことに、たまたま偶然に、青色発光ダイオードの研究・開発に携わることができ、これもまったく偶然に成功してしまったということなのである。すべからく、私が予想し成るべくして成ったわけではない。先行きのことなど誰にも全く予測できはしないのだ。

そういう予測不可能な事態が生じた時、人間はどう対処すればいいのか。大丈夫、乗り越えられると考えるのと、あたふた心配するのとではどちらが効果的か。すべからく心配して、このやり方はこういう欠点があり、あの対処法はこういう欠陥があるからこの場合には有効性が薄いとか何とか、色々と考えるのは、端から見ると賢そうに見える。いわゆる専門家と言われる人たちや、有名大学出身者然としている人たちの多くがこのタイプだ。いわゆる、可能性を探るというやり方で、何かすごく整合性があり、確実な対処法がでるのだろうと誰もが期待するのだが、出て来た結論は、あらゆることに注意をはらって慎重に対応しようなどといった馬鹿げた結論であることが多いのだ。慎重な対処などから、個性的で画期的なイメージなど出ようはずがない。心配の効用などこの程度のもので、心配し、注意すればする程、だいたいが八方ふさがりになって自滅してしまうものなのだ。

これに対して、何か理由はわからないけれども大丈夫だと考えて対処できれば、物事すべてに積極的に当たれる。大丈夫なのだから、失敗も大して恐れなくなる。その結果、かえってうまくいく。袋小路に入っていても、何故か突破口が見つかったりするものなのだ。失敗をもプラスに変えてしまうバイタリティが、〝大丈夫〟から生まれてくるのである。もっと図太くなると、失敗を楽しむ余裕さえ生まれてくる。私などがそうだった。私はこの〝大丈夫効果〟のおかげで、入社してから約一〇年程の間に、「売れない製品」を三度もつくって周囲からボロくそに言われながら、気にもならなかった。むしろそのおかげで、失敗を導火線として青色発光ダイオードの完成という大成功を導き出していったのである。

覚悟を決めたら運がむいてきた

日亜化学の開発課に配属されて、私が一人で最初に手がけた仕事は、ガリウム・リンの製品化の仕事だった。

日亜化学は「勉強しよう。よく考えてよく働こう。そして世界一の商品をつくろう」をスローガンにしていた。小川元社長は、社員のわれわれにはこの言葉を繰り返すだけで、研究開発の実際については口を出さなかった。

発光ダイオードとは英語で略してＬＥＤ（ライト・エミティング・ダイオード）というが、電流を通すと赤や黄緑色などに発光する半導体素子のことだ。そして、何度も言うが、この発光ダイオードは、従来の電球や蛍光灯といった照明装置とは、その原理が全く異る発光素子である。電球や蛍光灯は、電気がある媒体を介して間接的に光に変わるが、発光ダイオードの場合は、半導体に流れた電気が直接光に変わる。従ってわずかな電力でも明るく光り、また、効率性や耐久性からいっても、非常にすぐれた発光素子なのである。

だから、当時、大手電器メーカーはもちろん、世界中のさまざまな分野から注目され、その開発競争は熾烈《しれつ》を極めていた。わが日亜化学も弱小ながら、蛍光体では国内シェアトップクラスの実績を持つところから、この新分野の発光ダイオードの開発へ参入するかどうかで迷っていたのである。そんな時、営業が、半導体の材料となるガリウム・リンの結晶をつくれば売れるという話を、大手家電メーカーから聞いて持ち込んできた。開発課は、待ってましたとばかりに、この話に飛びついた。そして、ただ一人の電子工学出身の私へとそのお鉢が回ってきたのである。

たった一人の研究開発がスタート

半導体については本を読んで知ってはいたが、半導体製品を開発するとなるとまた違ってくる。普通の人間なら、不安と心もとなさが八割を占めるところなのだろうが、持ち前の

〝大丈夫効果〟で、「はい、わかりました」と言って研究に取りかかったのである。

と言えば、かなり格好よく聞こえるかも知れないが、予算といえばほとんど皆無に等しかった。しかも、半導体の結晶材料の開発については、大手の企業の研究室なら四～五人でチームを組んでやるぐらいの研究テーマだ。それをたった一人でやれというのだから、どだい、会社としても期待などしていないということなのだ。間違えて完成でもさせてくれれば大儲けぐらいのことだったのだろう。だいいち、鉛筆一本、ノート一冊買うのにも課長のサインをもらわなければならないくらいに逼迫《ひっぱく》した研究予算だったから、それでモノをつくれというのが最初から無理な注文だったのだ。

しかし、面白いもので、私に限ってはこのような状態の方がよかった。そのような不利な状況など何ら苦にならなかったし、一人であれこれ自由に動き回れるから気が楽だった。むしろ楽しく仕事に専念できたと思う。上司や他のセクションからあれやこれや横やりが入るのは、こと創造的にモノをつくっていくに当たっては邪魔になることの方が多い。

何事においてもそうだと思うのだが、何もない状態から何かを創造していくには、自分一人の想像力や自由な発想が大切になる。チームが効果的なのは、完成した製品を再構築したり、再生産したりする場面においてなのであって、新たな創造は個人の能力に負うところが大なのである。

私の場合もそうだった。人はもちろん実験装置もなかったから、それらを一人で手づくりでつくり出していくしか方法がない。工場内に転がっている不要な部品を拾い集めてきて、結晶をつくるのに必要な電気炉をただ一人で汗だくになって組み立てたりもした。また、実験で使う高価な石英管を何度も溶接して再利用したりもした。それはまるで、研究開発員ではなく、溶接工のような仕事だった。

しかし、このような地道な仕事を一つ一つこなしていくことによって、次第次第に、実は、製品開発についての自分流の方法が身についていったのである。手づくり製品は、大量生産の製品とは一味も二味も違うとよく言われるが、この手づくりの味を私は、この溶接屋まがいの仕事をしているうちに覚えていったのである。

第5章

モノづくりの本質を見極める

モノづくりは人間である証

「モノをつくることが人生だ」といった人がいる。確かに人間は、有史以来ずっと、何かをつくり続けてきたし、モノをつくるという行為は、人間にしかできない行為だ。しかし、残念なことに、近代文明が発達するに従って、人間はモノをつくらなくなった。というより、つくれなくなってしまった。

何を馬鹿な、世の中には昔よりもずっと多くのモノがあふれている。人間が昔よりも多くのモノをつくっている証拠ではないか、という人がいるかも知れない。確かにそうだ。ちょっと前までは、モノあまりの時代とまで言われて、大して役に立ちそうもない、どうでもいいようなモノまでがつくられて、そこいらじゅうの店頭に並べられていた。量的にも種類としても人間は数限りないモノをつくり続けているのである。

その事実は認める。認めながらもやはり、私は、以前に比べて人間はモノをつくらなくなった、と考える。どういうことか。

店頭に並ぶ数々の品物は、あなたたちの手でつくったものなのかどうか、ということだ。たぶんそうではない。今ではほとんどすべてのモノが、機械でつくられる。工場の中で機械が組み立て、機械で色づけされ、機械が完成品を包装していく。人間は、それらの過程がスムーズに行われるかどうかを管理するだけだ。とくに最近では、ロボットまでが登場して、大量に同一な製品を生産することを可能にした。人間の行為は、機械に比べれば精度が低く、大量同一生産には向かない。ロボットや機械の方が正確だというわけだ。そしてこれが大量消費時代を可能にしてきたのである。

大量に品物が出回るようになって、人間は身の回りの小さなモノまでつくる必要がなくなった。何か足りなければ、買ってくればいいのである。それこそ、何でも売っている時代になっているのである。例えば、おもちゃにしてもそうだ。私が子供の頃は、コマなどは自分でつくったものだ。自分のつくったコマが他の友達のつくったものより優秀だと、天にも登る程、嬉しかった。表現できない程の優越を感じた。この優越感があったから、人にもどうやっていいコマをつくれるのかを教えてやれた。ああしたらいい、こうしたらいいとワイワイやりながら、お互いにコマつくりの技術を磨きあった。逆に、自分のつくったコマがよくないと、どうやったらいいコマになるのか、自分で工夫した。工夫しながら考えた。それでもダメなら友達に聞いてやりなおしたりした。

コマをつくるという行為が、私のすべて、私の人間としての証だった。モノをつくるというのは、こういうことだと私は考える。そういう考えからすれば、大量に巷《ちまた》にモノがあふれているからといって、人間がモノをつくるようになったとは言えない。いやむしろ、実際は、何でも売っているから、何でも買えばよくなって、結果として、人間は何もつくらなくなったといえるだろう。

完成品をイメージしながらつくる

モノをつくらなくなったために、人間は何か無気味な疎外感を持つようになったのではないかと思う。疎外感というより、身の置き場のなさというような感じなのかも知れない。それはそうだろう。モノをつくるという行為の中には、人間の行い得る行為のすべてが含まれている。コマ一つつくるにしても想像力も実行力も必要だ。オリジナリティも大切になる。あるいはまた、学習能力も必要だ、失敗も成功も、挫折も喜びもある。優越感も劣等感も含まれる。その他、ありとあらゆる人間の行為の総和として、モノづくりはあるのである。

手でモノをつくるということは、それが完成しようが未完に終わろうが、極めて人間的で、極めて高い道徳性まで持っている。その行為を、人間は機械文明に売ってしまった。機械に、手も足も頭をさえももぎ取られたようなものなのだ。人間が人間であることの証を捨て去ったのだから、そこに空虚感や疎外感が生まれるのは当然だ。どこに生きていく基盤を置いていいのかさえわからなくなってしまった。人間が、手でモノをつくらなくなったからこそ、近代の悲劇は始まったのである。

私が青色発光ダイオードを成功させることができたのは、この人間の証である〝手でモノをつくる〟という意識を忘れなかったからだ。極めて単純にして明確なことなのだが、実はほとんどの人がこのことを忘れている。

ちょっと考えてみればすぐにわかる。人間的な作業や考え方がなくして、どうして人間に必要なモノをつくることができようか、ということだ。

この基本を取りちがえると、たぶん何をやってもうまくいかない。何を使っても失敗する。コンピュータのためのコンピュータ操作をいくら丹念にやっても、創造的で人間的なモノをつくることはできないだろう。

例えば発光ダイオードにしてもそうだ。発光ダイオードは半導体を使った発光体のことだが、実はそうであって、そうではない。どういうことかというと、発光ダイオードは半導体による半導体のための発光体なのではなく、半導体による人間のための発光体なのである。そのことを忘れた研究者が多かったために、青色はなかなか完成しなかった。あくまでも、人間に役立つ、人間のための発光体だ。ならば、人間自身の創意と工夫、人間の手と足と頭とが実際に活動されなければ完成しない。私はそのことを証明してみせたことになる。手づくりという人間的な行為を最大限に生かすことによって、全く最先端の、生身の人間とは最も遠いところにあると思われていた製品を開発したのである。

青色発光ダイオードという前人未到の地へと到達したこともそのことよりも、この前人未到と思われていた地も、まさしく人間のための土地で、そこへは人間の手と足でしか到達し得ないことを証明したことこそが重要なことなのだと思っている。

私の最大の武器の一つ、それが手づくりだったのである。そう、これこそが自分流だったのだ。

この手づくりの手法を使ったのは、私が貧乏な中小企業の研究員であったというやむを得ない外的な事情もあるのだが、大学の恩師の多田先生の教えに負うところも大きかった。

私は徳島大学の大学院で、固体電子工学という材料物性の研究をやっていた多田修先生の研究室へ入った。材料物性というのは、理論と実験とを比較して、自分の考えが実際のものごととどう関係するのかを探っていく学問である。高校の時から物理をやりたいと考えていた私にとっては、理論物理ほどではないにせよ、電子工学の中ではそれに似ているように思えたのである。考えをつきつめていくことの好きな私は、材料物性なら理論を駆使して自分の特性が生かせると考えていた。

ところが、指導教官の多田先生は、私とは全く違ったタイプの研究者で、徳島大学でもなうての実践派だった。理論よりも実験を重視するという考え方なのである。研究者は大きく分けると、理論屋と実験屋に分けられるのだが、私はどちらかといえば理論屋で、多田先生は実験屋だったのだ。だから、私が論文や資料を読んでいると、決まって「そんなものをいくら読んでも何の役にも立たない。手を動かし、身体を使ってモノをつくれ」といわれた。手足をフルに動かして実験装置をつくり、実験を繰り返すことによって、法則を見つけ出していこうというのである。実際に自分の手でつくったものや実験結果を最優先させることが大切だというわけだ。理論派の私としてはかなり反発したいところもあったのだが、それでも私なりにその重要性については理解した。だから、実験装置の手づくりには慣れたものだった。

しかも、どうやって装置をつくったかといえば、それこそ研究費などあまりないから、どこの工場から拾ってきたのかわからないような電子部品や、廃材、あるいは溶接しかけのパイプや板金などといったガラクタを何とかつなぎ合わせてつくらざるを得なかった。研究室といえば聞こえはいいが、まるでスクラップ置場のような所で、私たちは作業していたのである。それはまるで、オモチャを自分でつくるようなものだった。しかも、必要な材料がすべて豊富にそろっているわけではないから、部品一つを組み合わせるのも大変だった。合うか合わないか、必要か必要でないか、などを完成品をイメージしながらつくっていかなければばならないのである。

想像力が育たないところに、知恵も工夫も生まれない

私はこの多田研究室で、モノづくりには想像力が必要であることも学んだ。機械が類似品を再生産していく場合とは違って、人間がモノをつくる場合には、常に試行錯誤が伴う。ああすればこうなるかもしれない、こうすればああなるだろう、といったことを予測し、想像しながら、それに合わせて部品を組み立てていく。しかし、それが必ずうまく適合するとは限らない。うまくいかなければ、再度想像力を働かせ、違う角度からやりなおす。

モノづくりとは、まさしく失敗と想像の繰り返しだ。そしてこの繰り返しがうまく行われた時に、創造的でユニークなモノが出来あがる。失敗をプラスに変えるのも想像力だ。知恵や工夫を働かすのも想像力があってこそだ。だからこの想像力が豊かであればある程、モノづくりはうまくいく。

そういう点からも、私は恵まれていた。徳島大学の多田研究室も、日亜化学の開発課も資金も人材もない貧乏所帯だったのだ。だから一つ一つを自分の想像力でまかなっていかなければならなかった。どんな仕事においてもそうだが、研究開発においてもハングリー精神は

必要だ。ハングリー精神が豊かな想像力を生むからだ。

そして新製品の研究開発には、実は定まったスタート地点などというものはない。すべからくゼロから始めるというのが基本なのである。だからこそ、豊かな想像力が必要となる。ゼロからたたきあげてつくっていく、というモノづくりの原点を、私は多田研究室と日亜の開発課で身を持って味わった。両者ともやむを得ない事情だったとはいえ、結果的にはこのことが私の成功を生んでいったといえる。

多田先生はしつこいぐらいに装置づくりを強調し、その大切さを学生たちに植えつけた。その教えを、反対の立場の理論派の私が、日亜の研究室で馬鹿みたいに実践していた。朝から晩までそれこそ、まっ黒けになりながらゼロから実験装置の組み立てに従事していたのである。

その時の姿を大手企業の研究員が見たら、きっと、何と馬鹿なことをやっているのかとびっくりしたことだろう。なぜなら、彼らがお金で買って、すでに研究室にデンと据えつけられているものを、一所懸命になって私がつくろうとしていたからだ。自分たちは、一から一〇までを実験装置を使ってスムーズに実験し、すでに一一から先に進んでやっているのに、この男は〇からやり直そうとしている。何と愚かな、と。

しかし、本当は全く逆で、愚かだったのは有名大学出身の器用さと目端《めはし》がきくことだけが取り柄の彼らの方で、私は着実にゼロから出発することによって、磐石ともいえる自分だけの方法を確立しつつあったのである。自分だけのやり方をゼロから編み出していくこと。それこそが、モノづくりの第一歩であり、創造への第一歩なのである。そのことを私は証明してみせた。

実験装置を手づくりでつくるに当たって、様々な想像力を働かせなければならなかった。一つ一つの部品について、知恵や工夫を重ねてつくっていかなければならなかった。それらがすべて、青色発光ダイオードという未知の物を完成させるにあたっての貴重な経験となり、貴重な肥やしとなっていったのである。想像力が育たないところに、モノをつくりあげていく知恵も工夫も生まれない。既存の実験装置は、利便性があるだけで、想像性を生まなかったのだ。そのことに気づかなかったがために、彼らは、田舎者の私に遅れをとってしまったのである。

失敗の連続、でも諦めない

手づくりは、最初の仕事のガリウム・リンを使った半導体の結晶材料の開発から始まった。まず、半導体をつくるには、様々な材料を反応させる電気炉が必要だが、少ない予算で買ってきた電気炉はポンコツでそのままでは使い物にならなかった。だから会社中を探し回って、転がっている部品や野ざらし同然の廃品を拾ってきては改良した。また、ガリウム・リンの結晶成長には、透明な石英管が必要だが、予算が乏しかったため、高価な石英管をたくさん買ってくるわけにはいかなかった。だから使い古しの石英管を切断しては溶接し直して使用しなければならなかった。廃品の再利用ばかりだったと言っても過言ではない。リサイクルばやりの今なら、表彰ものだろう。

とにかく、何から何まで自分一人でやった。煉瓦の組み立て、塩ビや透明石英の溶接、石英やカーボンの切断などなどだ。あるいはまた、断熱材を組み合わせてヒーターに巻いたり、電気配線はもちろんガラス細工までやった。

失敗もずいぶんやった。月に二〜三度は爆発事故を起こしていた。石英管を手づくりでつくったのはいいのだが、どうしても溶接部分にクラックがあったりして反応中に空気と反応して爆発するのである。

私がやっていたのは、水平ブリッジマン法というやり方で、石英の筒を真空にして温度を上げ、中の赤リンとガリウムとを反応させるやり方だ。赤リンというのは、マッチや火薬の原料に使われている材料だ。だから、いうなれば、石英の中に火薬を閉じこめて、温度を上げるようなものなのだ。温度を上げすぎたり、空気が入ったりすると、これが爆発してしまうのである。上等な石英管ならそう簡単にはひびは入らないのだが、手づくりの石英管だから、どうしても時折ひび割れが出来、そこに空気が入ってしまう。

そうすると、火薬に火がついたようなものだから、たちまち大音響で爆発してしまう。ドーンというものすごい音が、一〇〇メートル近く離れた駐車場まで届くくらいだった。音もすごいのだが実験室の中はもっと危険だ。電気炉は吹っ飛び、赤リンの燃えた煙で部屋中真っ白になってしまう。真っ白になった部屋の中を火のついたリンが、まるでバッタの踊りみたいに闇雲《やみくも》に飛び回る。

最初の頃は会社の職員たちもびっくりして「中村、大丈夫か。生きとるか」と心配して駆けつけてくれた。その都度、まっ白な粉をかぶった私が煙の中からぼやっと、まるで幽霊みたいに現われるという具合だった。

しかし、あまりにも頻繁に爆発を繰り返すため、そのうち「また、やっとるんかい」というようなもので、見向きもされなくなってしまった。

こんな溶接屋まがいの仕事が四〜五年も続いただろうか。その頃になると、いかに図太い性格の私といえども、さすがに嫌気がさしてきた。大学院まで行き、しかもトップで修了しているにもかかわらず、このままズルズルと人生が終わってしまうのではないかと、人並みに弱気になったこともある。いったい何のために勉強してきたのかと、自分の人生をはかなむこともしばしばだった。挫折する一歩手前だったといってもいいだろう。

しかしその都度、思い直して研究を続けた。「うまく行かないけど、コンチクショー、これが俺の仕事だ、これも研究の一環だ」と、無理矢理自分を鼓舞し続けた。その時の気持ちは、今にして思えば、まさしく、中学・高校のバレーボール部の練習時と同じだった。

負けても負けても、万年ビリでも、何も考えず、ただひたむきに「もういっちょう、こい」だったのだ。そして根気よく「もういっちょう」「もういっちょう」とやっているうちに、着実に腕は上がっていった。試行錯誤と失敗の繰り返しではあったが、何らかの可能性がほの見えるような気がしてきた。次のステップへと進むわずかな光が見えはじめた。その光を見すえて、次の実験へと進んでいったのである。

ただひたすら実験に実験を重ねた末、大した製品はできなかったが、それでも一〇年間に三つばかりは製品化にこぎつけることができた。前述したガリウム・リンの多結晶、ガリウム・ヒ素の多結晶と同単結晶、それと、赤外と赤色発光ダイオード用のガリウム・アルミニウム・ヒ素・エピタキシャル・エピウエハーなどがそうだ。これらがいったいどういうもので、どういう製品なのかの詳細は、専門的すぎるのでここでは述べない。

が、いずれにせよ、製品開発に成功したことによって、私の装置づくりの腕が本物だったことが証明されたことになる。しかも努力の甲斐あって、溶接技術に至っては神業とまで言われるようになった。毎日毎日、溶接の仕事ばかりやっていたのだから、当然といえば当然なことだが、普通は、企業の研究員が溶接の神様とは呼ばれない。デスクに座って海外の資料やデータを分析したり、実験にしても最後の結果だけを見るのが研究員だからだ。溶接の仕事は、外部の職人さんに頼めばやってくれる。だから研究員はそのようなことをやる必要はないのが普通なのである。

しかし、何度も言うようだが、私の場合には普通の企業研究員とは違った。予算の関係もあり明けても暮れても溶接や装置づくりを自分の手でやらなければならなかった。まさに、職人のような仕事の毎日だったのだ。そして実は、この職人技を身につけたおかげで、後に大発明をすることになるのである。成功は、何が幸いするかある意味ではわからないことなのだ。

私が職人仕事をやめなかったのは、さしたる目的があってそうしていたわけではない。先行きその溶接の技が必要になるなどと読んでいたわけでもない。「もういっちょうこい」とやっているうちに、少しずつ腕が上がっていくのが、心底楽しかったからなのだ。その楽しさがあったから、次の日にも同じような実験を繰り返すことができた。そして、大切なことは、そうこうしている内に、溶接の仕事や装置づくりの職人仕事に自信が持てるようになったことだ。「俺は、この仕事も大丈夫だ」と本当に思うようになっていったのである。

わずか一〇年程の間に、三つもの製品を完成させたという実績が、その自信を深めてもいった。可能性の光さえあれば、自分はその光を現実のものにすることができるという自信だ。そして、製品を開発するに当たって必要な一つの道を発見したような気がしたのである。

失敗の中にある成功への可能性

それは、職人作業をやってきた者でないとわからない方法だった。

よく、失敗の中にこそ成功の可能性があると言われる。それは事実そうだろう。しかし実際には、様々な失敗がある。そしてその原因も失敗の数ほど多い。それらの数多くの失敗のすべてに成功の可能性があるわけではないだろう。もしもそうなら、失敗した人はみな、成功へのキップを手に入れていることになる。そうではないのだ。様々な失敗の中のいくつかに成功の可能性があるだけなのだ。そして、その可能性は、失敗の原因が何であるかに大いにかかわってくる。

見当外れの原因をいかにつついても、成功への道は見えてこない。あまりにも程遠い失敗の原因に行きついてみても、成功への道のりは長いだけで、可能性は薄くなる。

失敗の中にある成功への可能性は、一つは直《じか》にわれわれの目で確かめることのできるものであることがのぞましい。どういうことかといえば、失敗が目で見、音で聞き、手で触れて確かめてみることのできるものであればあるだけ、失敗の原因を探しやすくなるということだ。直接的であればあるだけ、失敗を防ぎやすくなる。間接的になればなる程、それはわかりにくくなるということだ。

例えば、私はよく装置を爆発させて失敗した。この失敗を目で見て確認できるのと、そうでないのとでは、原因探しに大きな差が出てくる。私は常に爆発の近くにいるから、どんな変化が生じたのか、何か妙なことがあったのかどうかを実体験し得る。しかしもしこの失敗をデータだけで知ろうとすると、かなり抽象的な部分が出てくるのはやむを得ないだろう。爆発時の写真があったとしても、撮った時の状況や、撮った場所によってはかなり様子が違ってくる。ましてや、数字や言語を使っての表現は、間接的に失敗を表現しているだけなのだ。

そういう間接データに頼っていると、物の本質が見えなくなる。本当の原因がどこにあるのかがわからなくなることが多い。失敗の本当の原因がわからなければ、成功の可能性をそこに見つけることはできないのである。

こだわりが根気を生み、そして成功を生む

失敗はどこの企業の研究室でも一度や二度はやっていることだと思う。しかし彼らと私の違う点は、失敗の原因の本質がどこにあるかを問うか問わないかだったのだ。彼らは問おうとしなかった。というよりも問う必要がなかったといった方が正しいかも知れない。実験がうまくいかなければ実験装置やその他の器具を変えてみればいいと考えるのが普通の研究員の考え方だ。あるいは他のやり方を考えようと、資料をあさる。

私は違った。実験がうまくいかないのは、既存の実験装置そのものの考え方にも原因があるのではないかと疑ったのである。実験装置そのものに原因があれば、何度実験をやっても失敗する。装置を単に取り替えるだけでは何の解決にもならない。あるいは、他の研究資料を調べても、何の解決策も生みはしない。

同じ研究には、おおむね同じような実験装置が使われている。それでうまくいかないのは、実験装置そのものに不備があるからなのだと私は考えたのである。まずはその本質を疑え、ということだ。こうして私は、実験装置を徹底的に検討し、組み直すところから始めたのである。失敗の中に隠されている成功の可能性の原点をさぐると同時に、より身近な具体的で

直接的なものの中にそれを見出そうとしたのである。

図らずもこの私の考え方は、ノーベル物理学賞を受賞したファインマン博士と似かよっていたようだ。ファインマン博士は、朝永振一郎博士らとともに、量子電磁力学のくりこみ理論を完成させた人だが、彼もまた、小さい頃から自分の部屋で自分だけの実験装置をつくったり、ラジオを組み立てたりしていたのだという。実験に失敗して危うく火事を起こしそうになったこともあったそうだが、とにかく道具を買い集めてきては〝実験装置〟なるものを一人で念入りにつくり上げるのが好きな少年だったらしい。

そのファインマン博士がある時、次のように述懐している。「さんざん苦心しながら故障したラジオを直したりしていたが、他の才能はともかく、自分にはその〝根気〟だけはあった。それだけは他人に負けなかった」と。ラジオが故障したらとことんまで故障の原因をつきとめなければ博士は気がすまなかった。そして、つきとめてしまう「粘り」が自分にはあったと言っているのである。また、ラジオの修理を彼に頼んだ子供たちも、彼の〝粘り〟に根負けしたのか、「もうそのへんでやめておけ」などといって、彼の気を散らすようなこともなかった。だから、十分、好きなだけラジオをいじっていたというのである。

この話を聞いた時、私はまるで自分のことを言われているような気がしたものである。私もまた、粘りと根気だけで実験装置をいじってきた。そして、それもこれも、失敗の原因をつきとめなければ気がすまなかったからだ。それがわからなければ、気になって気になって仕方がないのだ。こういう一つのことへのこだわりが、根気を生むのだろう。そしてそれが、ゆくゆくは成功を生んでいくのである。

何事も自分の手でやる

研究開発においては、一〇〇の未完成なものをつくるよりも、一つの完成品をつくることの方が一〇〇倍も重要だ。未完成なガラクタをいくらつくっても何の役にも立たないのだ。効率やスピードはそこでは必要ない。根気と粘りで、とにかく一つの製品をつくり出すこと。そのことこそが重要になる。何も研究開発に限ったことではない。仕事はやりとげなければ何も身につかない。中途半端は何も生み出しはしないのである。

一つの完成品をつくり出すことができれば、その応用でいくつかの完成品をつくり出すことは割とたやすくなる。だから、どんなに失敗を繰り返しても、諦めずに完成品を目指すべきなのだ。効率など悪くてもいい。時間がかかってもかまわない。いやむしろ、効率が悪く、時間がかかった方が成功しやすいともいえる。失敗してその原因を一つ一つ追求していけば時間がかかるのは当たり前だし、効率も当然悪くなる。しかし、何事にせよ地道な努力の中にこそ成功の光は輝くのである。そして、一つの成功は、次の成功へのバネになっていくのである。

入社して五、六年目に、赤外発光ダイオード用のエピウエハーをつくれば、大手半導体メーカーが買うという話を営業がもってきた。さっそく取りかかろうとしたが、それには、液相エピタキシャルという装置が必要だった。もちろん私の研究室にそのようなものはない。しかも、装置メーカーに頼むと半年以上もかかるというのである。半年以上も手をこまねいて待っているわけにはいかない。

私はこの時も、自力で装置をつくることにした。そして、半年以上もかかるエピ装置を、わずか三カ月でつくり上げてしまった。

何故このようなことが出来たのか。普通、半年もかかると言われれば、さっさと諦めて次の製品の開発に取り組むだろう。これが効率的でスピーディーな解決策だからだ。しかしこれでは何も自分には残らない。また、時間に余裕があるからといって、装置メーカーが装置を仕上げて持ってくるまで待ったとしても、自分の実力には何の足しにもなりはしない。自分の手を使っていないからだ。

私には、ファインマン博士ではないが、粘りと根気でそれらを仕上げる自信があったのだ。それは、それまでにすでに、何度も失敗しながらではあったが、装置を完成させ、製品開発に成功していたからだ。だから、非能率的かも知れないが、何事も自分の手でやることに徹していたのである。やってみると、時間がかかると思われていた装置づくりがわずか三カ月でできてしまった。完成品をつくり上げたことで、すでに私の中に装置づくりの腕と勘が育っていたのである。

ゼロから何かを生み出すということ

製品開発は、ある意味では非常に芸術と似ていると思う。いかに小さな物の開発であれ、ゼロから新たにモノを創造していくことだからだ。そしてモノを創造していくことに決まったやり方はない。芸術においても、手法やつくり方はその人本人の個性や能力による。個性やその人の創造的な能力が芸術を芸術たらしめているように、開発においても個性が求められるのだ。

同じやり方をするならロボットにまかせておけばいい。そのようなところへ、人間の能力をつぎ込む必要はない。ミケランジェロの絵とラファエロの絵が違うように、ゴッホとピカソの絵が違うように、製品開発にも個人の個性が発揮される。手法も考え方も、絵の具の使い方も皆違うからこそ、天才画家たちはみなその天才を発揮できたのだ。

製品開発においても、まさしく同じことが言えると思う。やり方は皆様々なのだ。そこで自分の個性を発揮させること、自分の創造的能力をいかに実現させるかが大切なのである。古今東西の画家たちが、みな、自分独自の描き方をしたように、製品開発においても、自分独自の方法を確立した者が成功を勝ちとることができるのだ。私が自分流ということを強く主張するのは、それがなければすべてが始まらないと思うからだ。

そして実は、日本の製品開発に欠けていたのは、この自分流だと思うのである。いや製品開発ばかりではなく、あらゆる分野において、自分流を主張することが、あまりにもなかった。それがために、個々の能力で世界と競争しなければならなくなった時に、まるで立ち遅れてしまったのである。

従来、日本がやってきたことは、製品開発でも他の分野でもすべて、集団や組織が最優先で、個人は二の次というやり方だった。このために、個人の個性や能力など必要とされなかった。一人でやるよりは、みんなでやった方が強い。良い意見や発想も出るというわけだ。

しかしここには決定的な過ちがあった。みんなで意見を出しあえば、多くの意見は出るだろうが、圧倒的に個性的で創造的な発想の出る余地はなくなるということだ。みんなでワイワイ言いながら絵を描いたら、ピカソは絶対に生まれなかった。彼が一筆描いただけで周囲から非難をあび、誰にも見やすいようなタッチに修正されただろう。修正されたピカソの絵など、ピカソの絵ではない。ミケランジェロも、ゴッホも、みな同じだ。ベートーベンも、モーツァルトも、ビートルズにしても同じだろう。みんなで意見を交換しても個性的で創造的な作品は一つとして生まれてはこないのだ。芸術を考えれば一目瞭然《りょうぜん》そのことがわかる。

ゼロから何かを生み出すということでいえば、製品開発もそれは同じだ。だから、圧倒的に個性的であることが必要になる。右も左もみな同じ、というような発想が、新しいものを生み出すことなど決してないからだ。そういう意味からも、私は会議というものが嫌いだ。サラリーマンなら誰しも知っていることだろうが、あそこで行われることは、個性を抹殺することだけだ。どんなにユニークな意見が出ても、ああだこうだやって、結局は、何の変哲もない、どこでもやっていることに落ち着いてしまう。凹凸があって個性的なことを、ツルツルののっぺらぼうにしてしまうのが会議というものなのだ。芸術作品をつくるのに会議が必要ないのは、そこで求められるのが個性だからだろう。

もちろん、芸術と製品開発とが全く同じでないことは自明のことだ。絵画と音楽とが違う以上にそれはかけ離れたものには違いない。しかし、ある一定の手段、一つの武器を携えて、無から個性あふれる有を生みだすという点では同じだと言っているのである。

第6章

中村流発想法

自分のやりたいことをやるべし

実は、青色発光ダイオードの開発にはある意味では、やけっぱちで手をつけたようなものだった。

私は入社以来一〇年のあいだに三つ程の製品の開発に成功した。しかし残念ながら一つとして売れなかった。売れないといっても一〇〇万や二〇〇〇万円で売れたものもあったが、それではまるで利益にはつながらないのだ。そういう状況だったため、社内での評判は最悪になっていった。誰もが私に文句を言うようになった。まるで金食い虫のように言われ始めたのである。

当時会社では蛍光体の方は調子が良かった。だから、私の製品が売れないと知るや、蛍光体担当の上司たちは口をそろえて、「われわれが稼いだ金を、お前はおもちゃごっこをして無駄遣いしているだけじゃないか。無銭飲食するような奴は会社を辞めてくれ」とまでいう。

私に言わせれば、入社以来文句も言わず、営業や上司がやってくれということを忠実に実行してきただけだ。私から言いだして製品開発をしたものなど一つもない。しかも、つくってくれと言われたものはつくった。売れないのは私の責任ではなく、企画を持ち込んできた営業や上司がいいかげんだからではないか。それを全部私に押しつけるなど本末が転倒している。汗だくになって、何度失敗してもくじけずに、とにかく会社の言うとおりに研究開発に取り組んできて、しかもちゃんと製品を開発している。開発できなかったというのなら、文句を言われても仕方がない。が、きちんと仕上げているにもかかわらず、不平たらたら言われるなど、こんなに理不尽なことはない。しかも給料も上がらず、後から入社した奴が出世するのに、私は平社員どまりだったのである。

我慢ならなくなって、一〇年目に私はとうとうキレてしまった。考え方をがらりと変え、それを実行すると決めたのだ。つらつら考えてみると、せっかく一八歳の時に「自分で考え、自分で決めて行動する」と決意しながら、会社に入ってからはそのことを忘れていた。ハイハイと何でも言うことを聞いてやってきた。しかしその結果はやはり理不尽なものだった。どうせ何をつくっても文句を言われるのなら、他人に言われてモノをつくるのはヤメだ。自分のやりたいこと、つくってみたいものをつくると決意したのである。自分の頭で考え自分で決め、自分のやりたいことだけをやる。それでダメならクビにでも何でもなってやるというような気持ちだった。

こうして私は、社長のところへ直談判にいった。ダメでもともと、なかばやけっぱちで「青色発光ダイオードの開発をやらせてほしい」と頼んだのである。なぜ、青色発光ダイオードだったのか。理由は単純明快。これまで誰も開発に成功していないものだったこと。だから、成功すれば必ず売れると考えたのだ。

威勢のいい話に聞こえるが、実際には何の根拠もない、全く無謀なお願いだったと思う。なにせ、当時青色の開発というのは、世界中の著名な学者や世界的な大企業が必死になって取り組んでいたが、ことごとく失敗している製品だったからだ。開発の見通しが全く立たないところから、二〇世紀中には無理だとさえ言われていた。それ程難しい製品だったのだ。

最後までやり遂げるべし

そのような大それたものに手をつけるというのだから、気でも狂ったのかと思われても仕方がない。大企業の、それもエリート研究員が提案したのなら、それなりに評価はしてもらえるだろうし、多少なりとも可能性があると期待もされよう。しかし、そういうタイプとは全く違った私が言い出したのだから、金をドブに捨てるようなものだと思われても仕方がなかった。

だから、社長から一喝されると覚悟していた。しかし「予算をつけてやるからやってみなさい」という信じられない言葉が返ってきたのである。そして、私のダメもとで出した五億円の予算要求も通ってしまったのである。

当時社長だった小川さんは、研究開発の意義をよく知っていた。日亜化学が蛍光体の会社として発足したそもそもの始まりから、製品開発には力を入れていた。戦時中のジャングルで見た青い光をつくってみたい。それも自分で、というのが小川さんの夢だった。夢の実現のためには、製品開発は欠かせないことだったのだ。だから、モノづくりの重要性をよく知っていたのである。

そのことが私には幸いした。営業畑や販売畑、あるいは経理畑の社長だったら、絶対に私の提案は無視されていただろう。研究開発の重要性を知った人だったからこそ認めてくれたのだろう。

あとから知ったことなのだが、小川さんは私の過去の研究開発についても、ちゃんと見ていた。だから、周囲にどうしてあのような無謀な研究を許したのかと聞かれた時、「あいつは大ボラ吹きだが、やることはやる男だ。売れる売れないは別として、ちゃんと製品を完成させているではないか」とか、「蛍光体以外の製品を開発したのは中村だけだ」というようなことを言っていたというのである。

もしもあの時、あの失敗の連続の時、嫌になって開発をやめていたら、青色に手をつけることもなかっただろう。溶接屋まがいの仕事ばかりで人生がつまらなく思えていた時、仕事もおざなりにして途中で投げ出していたなら、小川さんの目に止まることもなかっただろう。だいいち、青色に手をつけようという気になどなりはしなかったと思う。

曲がりなりにも製品を完成させていたからこそ、思い切って社長への直訴も出来たといえる。やりとげていたからこそ、トップの目にもとまっていたのである。

何事についてもそうなのだが、途中の仕事がつまらなくても、過程の段階がいかにしんどくても、きちんとやりとげることが大切なのだ。やりとげていさえすれば、何事につけても、理由はわからないけれど大丈夫だという自信も生まれてくる。また、やりとげてさえいれば、そのことを誰かが見ていてくれるものなのだ。そして、最初の成功は小さくても、それが大きな成功へとつながっていくものなのである。

自信をもったら進むべし

私の直訴は成功した。こうして私は青色発光ダイオードの開発という未知の世界へと踏み込んでいくことになったのである。ただそのためには、青色発光ダイオードの開発には欠かせない有機金属化学気相成長法（ＭＯＣＶＤ法）を学ばなければならない。それを知らなければ何も始まらないと言われていたのである。そこで私は、一年間フロリダ大学へ留学することになる。

徳島の片田舎では絶対に知ることのできない新しい情報やあるいは世界の一流研究者がどのような研究開発をしているのかを知ることができると考え、私はワクワクする思いで旅立った。しかし、現実と期待とはいつも食い違うものだ。半導体結晶の製造技術を学ぶために留学したのに、私が知り得たことといえば、アメリカという最先端国がやっていることはすべて、すでに私は知っていたという事実だけだった。つまり、技術的な面については学ぶことは何もなかったのである。

これはどういうことなのか。研究資料も大して入手できず、情報もあまり入らなかったために私は知らなかったのだが、私の技術や製造装置は、すでに世界的なレベルにまで達していたということだ。私の技術力は世界レベルにまでアップしたのである。そしてそれを、自分自身も、また周囲も知らなかっただけなのだ。

私は早速に留学を引き上げて帰国した。学ぶものがないところに長く居ても仕方がないからだ。

ただ、技術については学ぶものはなかったが、私の方法が間違ってはいなかったという確信を得たことは収穫だった。だから、自信を深めて帰国したのである。

その自信は、すべてを一人でやってきたという自負に裏打ちされたものだ。結晶成長から発光ダイオード完成までのすべてを、何もないところから一人でやってきた。だから、発光ダイオードについての技術はすべて独学で身につけたものだった。その自負があったからこそ青色発光ダイオードへと挑戦することができたのだが、アメリカへの留学で、私が独学で学んできたことがすべて正しかったことが立証されたのであった。

一人で部品を組み立て、一人で実験装置を手づくりしてきたが、そのことが無駄ではなかったことを実感した。というよりも、発光ダイオードについては一から一〇まですべてにおいて把握しているという自信もまた正しかったのだ。

決断したら実行するべし

たぶんその当時においても、私ほど発光ダイオードに精通している人間はいなかったのではないかと思う。なぜなら、何度も言うようだが、私はたった一人で、しかも手づくりですべてをやってきたからだ。徒手空拳が私の武器だったのだ。

これに対して世界中の研究者、大手企業の研究員はどうか。彼らは研究費が私などよりもずっと潤沢に使えたはずだ。あるいはまた、スタッフも大勢かかえて開発に乗り出す。手づくりという武器よりも金銭という武器や人海という武器を使おうとする。そこが私とは決定的に違うところだった。金銭や人海戦術をいくらとってみても、発光ダイオードの一から一〇までをこと細かく知ることはできない。それに対して手づくりの私は、発光ダイオードの細部にまで精通することができたのである。

私はアメリカ留学から帰国した時、これなら青色を完成させることができるかも知れないと思った。十分な手応えを感じたのである。

こうして、帰国するやすぐさま青色発光ダイオードの研究開発に着手した。最初の問題は、発光ダイオードの材料を決めることだ。

当時、青色発光ダイオードの材料としては、炭化ケイ素、セレン化亜鉛、窒化ガリウムの三つが有力視され、研究されていた。発光ダイオードの開発は、まずサファイア基板を摂氏一〇〇〇度以上の高温に加熱し、その上にこれらの材料を結晶成長させる。材料を結晶成長させて何層かの薄い膜をつくるのだが、この材料に何を使うかで、発光ダイオードの色が決まる。また、できる薄膜の品質の良否で、開発の成否が決まるのである。

だから三つの材料のどれを選ぶかがまずポイントになる。当時、三つの材料のうち炭化ケイ素では、青色はできても暗い青色しかできず、将来性が疑問視されていた。高輝度の青色発光ダイオードが求められていたからだ。だから、事実上はセレン化亜鉛か窒化ガリウムの二つに絞られていたのである。

さて、あれかこれかの選択を迫られた時、人はどう動くか。二つのうちのどちらかに成功の道があるとしたら、どのような選択をすればいいのか。どんな人でも迷うことだろう。へたな選択をすれば、ひょっとすると一生うだつが上がらないかも知れない。だからここでの選択は非常に重要になる。

私の場合もそうだった。セレン化亜鉛か窒化ガリウムかどちらを選べばいいのか迷った。しかし多分、ここでも、私なりの選び方、私なりの方法を貫いたからこそ正しい選択ができたのだと思う。

どのような選択方法だったのか。

セレン化亜鉛と窒化ガリウムを比べてみた場合、窒化ガリウムには結晶になりにくいという重大な欠点があった。結晶させ得るかどうかが決め手の時、結晶しにくいという性質を持っているなら、それはほとんど致命的ともいえる欠点だろう。だから当時、多くの企業の研究所も研究者もセレン化亜鉛を青色発光ダイオードの有力な材料として選び、日夜研究を重ね、そこそこの成果も出していたのである。

さて、二つの選択肢があって、一方には欠点があり、一方は有力視されているという時、あなたならどちらを選択するだろうか。たぶん一〇中八九、有力視されている方を選ぶ。当たり前のことだ。有名企業はエリート社員がいて、このエリートたちが考えていることなのだから、その選択は正しいはずだ。いまだ成功していないのは、何らかの理由があるからだと考える。それに、一から出発するにも、有力企業がすでに途中まで道すじをつけていてくれるのだから、こんなにやりやすいことはないだろう。無駄な手間がずいぶん省ける。誰もが多分そう考える。実際、セレン化亜鉛で成功する確率は高いと世界中が考えていた。材料としてはセレン化亜鉛で決まりで、あとは誰が一番うまくそれを乗りこなしてゴールに到着するかの争いだと考えられていたのである。

当然、私もそういう選択をしなければならなかった。いや、するはずだった。競馬ではあるまいし、ことは世界的な製品開発にかかわることだ。一番確実だと考えられている方法を取るのが常識なのである。

自分の環境を正確に認識すべし

しかし、私の考えは違った。確かに、より確実視されていることを選択するのは、成功への近道かも知れない。一般的にはそうだろう。しかし、その考えがどこでも正しいのかとなると、ちょっと違う。確実性に重点を置くのは、どちらかといえば大手企業や有名企業なのであって、私のいるような中小企業がそれを狙ってもたぶん太刀打ちできない。もちろん、私のように徒手空拳だけが武器の男が、大手企業と同じことをやろうとしても勝てっこない。だから、私は無謀かも知れないとは思いながら、可能性の少ないといわれていた方を選択した。窒化ガリウムは、欠点はあるが全く可能性がないわけではない。ゼロに近いというだけで、ほとんどの人から外されていただけなのだ。私はこの〝ゼロに近い〟近さに賭《か》けたのである。

そしてこのような選択をした裏には、過去一〇年間で体験した苦い思いがあったからだ。それは、せっかく開発した製品でも、名もない中小企業の製品だというだけで無視されてしまったことだ。赤色発光ダイオードの時もそうだった。赤色発光ダイオードは、当時東北大学におられた西澤潤一先生が開発されたのだが、私はこれを、例によって手づくりで完成させ、製品化した。品質についてもどこの大手企業にも負けないくらい高性能なものだったのだが、日亜化学という名もない会社の製品だというだけで、どこも買ってくれなかった。大手だと品質は保証されているが、徳島の田舎企業の製品など、まがい物かも知れない。怖くて手がつけられないということだったのだろう。売れなかったため、社内ではボロクソに言われた。そういう苦汁を味わっている。

同じ製品を開発するにも、大手と同じものでは商品としては意味がないのだ。もしもセレン化亜鉛で私が青色に成功したとしても、同じく大手も製品化に成功すれば、またまた赤色の時と同じになる。会社員である以上、そのようなことは、二度と許されない。

製品が売れるためには、大手にはない中小企業の独自性のある製品にしなければならない。そのためには、大手が使っている材料ではなく、可能性は少なくとも窒化ガリウムであることが私には必要だったのである。

「世界の常識」を疑うべし

私がもしも、大学の研究者や大手企業の研究員だったら、このようなことは考えなかっただろう。売れるか売れないか、というところまで視野に入れて物事を判断する。それはまさしく中小企業、あるいはベンチャーの視点だと思う。ベンチャーが大手に伍して生き残っていくためには、ベンチャー独自の製品が必要だし、それをどのような経営戦略のもとに展開していくかがカギになる。同じ青色発光ダイオードでも、大手の使っている材料とは違う材料で開発した青色発光ダイオードである必要があったのだ。

そしてそれが、世界中の常識をくつがえす〝非常識な選択〟へとつながっていったのである。が、私は決して非常識だとは考えていなかった。だいいち、世界の常識だといわれている材料を使って、世界中のほとんどの研究所が必死になって研究しているのに、いまだ成功の話は聞いていない。ならばそれは、常識だと思い込んでいるだけなのか、あるいは大手や専門家という権威で思い込まされているだけで、ひょっとすると何ら根拠のないことなのかも知れない。

ならば、「ゼロに近い」可能性を選択しても何ら不思議はないだろう。いやむしろ、大手のほとんどが扱っていないことならば、ベンチャー精神としては進んで扱うべきだ。そう考えて、敢えて、青色発光ダイオードの材料として窒化ガリウムを選択した。この材料で製品化に成功すれば、日亜化学という名で売っても、必ず儲かると確信したのである。

もう一つ、窒化ガリウムを選んだ理由がある。それは、何としてでも研究論文をモノにしたいと考えていたからだ。

実は、アメリカへ留学した時に、思い知らされたことがある。三つもの製品を開発しながら、それらについての研究論文を書いていなかったため、私はアメリカでほとんど無視されてしまったのである。日亜化学では研究や実験についての発表は、社の機密保持のためという理由で禁止されていた。だから書けなかった。論文や研究発表がなければ、アメリカでは研究者とは認められない。一労働者の扱いをされ、研究のための会議にも呼ばれないし、出席しても無視されてしまう。その屈辱たるや言葉では表わせないくらいだった。

研究実績や技術力ではこちらの方がどう考えても上なのに、まったく認めてもらえないのは、一にも二にも私に研究論文がなかったからなのだ。

だから、青色に関しては、何が何でも研究論文を書いてやろうと決心していた。それが名もない徳島の山猿を、世界に認めさせる唯一の方法だったのだ。そして、論文を書くためには、常識的なセレン化亜鉛を研究テーマとして選んでもダメだったのだ。その分野では、ほとんどありとあらゆることが研究されていて、すでに私の出番などどこにもなかった。二番煎《せん》じ、三番煎じをやったところで見向きもされない。だから、非常識と言われようと、それを研究テーマに据えざるを得なかった。「可能性がゼロに近いものへの賭け」は、私の個人的な欲求とも一致することだったのだ。

こうして私は、窒化ガリウムを青色発光ダイオードの材料として選んだ。そしてこの時点で、たとえ青色の製品化はできなくても、論文だけは書けると直感した。テーマそのものが誰もが選べるようなテーマではなかったからだ。

“非常識”から手をつけるべし

今から考えると、やはり、何か新しいことへ挑戦するに当たっては、それが製品開発の仕事であれ何であれ、常識にとらわれていては何も出来ないということは知っておくべきだとつくづく思う。常識的ではないからこそ、新鮮でユニークなのだが、何かを始めるに当たっては、そのことに気づかないものなのだ。そして、知らず知らずのうちに、常識のとりこになってしまっていたりする。

常識の枠組みの中へいったんはまると、そこから脱出するのはなかなか難しい。そのために結局、何もなせずに終わってしまったりする。常識というのは、人を呪縛《じゅばく》する魔物みたいなものだと思う。

日常生活においてもそうだろう。「お前、それは常識だろう」とか「常識も知らんのか」と言われると、人はシュンとなる。周囲の皆が知ってることとやっていることと、自分だけがかけ離れ、遅れた人間に見えてしまうからだ。それが嫌で、ほとんどの人は常識を知ろうとする。常識の線で行動しようとする。後ろ指さされずに、その方が安全なのだ。

研究開発においてもそうだが、仕事に関しては、常識はもっとシビアに作用する。常識的に仕事をしなければ、村八分にされてしまう。出る杭《くい》は打たれるとよく言われるが、まさに仕事においては、一人だけ突出するとたちまち、同僚や上司や業界の人間が、寄ってたかって押さえつけようとする。みな、組織に右へ倣《なら》えしなければならなくなってしまうのである。

こうして、いかに優秀な人間であっても、どんなに出来る人間であっても組織の中に埋没してしまう。というより、個人の能力は外へは現われないように、表に出ないようにと動くのが組織の常識なのである。だから、個人がどんなに成果を上げようが、それはすべて組織のもの、会社がやったことになる。

こうして個人の能力はいつの間にか、常識という線を越えないようになる。

そして、能力を発揮しようがしまいが、それらがすべて会社の業績というものにくくられてしまうなら、別に大して頑張らなくてもいいではないか。そこそこに仕事をしていればいい、という退廃的な気分になってしまう。これでは何も新しいものは生まれてこない。

では、社会的な常識にとらわれず、自分の能力を発揮するにはどうすればいいのか。私の方法は、最初の段階から常識を廃するやり方だった。常識と言われる部分が少なければ少ない程、常識に左右されることはない。だからこそ、私は非常識から手をつけたのである。

もしも私がセレン化亜鉛という常識を選択していたら、その研究の最初から最後までずっと、業界の常識に縛られ続けただろう。ひょっとすると、それに押しつぶされていたかも知れない。しかし、窒化ガリウムには、これといった常識がまだなかった。だから、自由に、自分の思うように研究することができたのである。

そして実は、この自分の思うように研究する、という態度が、まとわりつく常識を排除する最高の方法の一つなのだ。

私の場合には、青色の研究開発を進めるに当たって、他人の論文や研究発表、参考文献は一切読まないと決めた。過去一〇年の経験から、これらが実は、私の研究を阻害する常識そのものだと考えたからだ。

えっ、と思うかも知れない。研究開発にしろ何にしろ、新しい仕事を始めようとするときには、他人のやり方や参考資料にまず目を通すことから始めなければならない、と誰もが知っているはずだ。そして、その情報は多ければ多い程いい、というのは常識だ。それがなくして、何から手をつけろというのか。回り道をするだけではないか。無駄な労力と時間とを費すだけではないか。暗中模索しているだけで、目標に到達できるわけがない、と誰もが考えるだろう。

しかし、よく考えてみてほしい。資料の参考文献をあさるというのは、とりもなおさず他人のやったことを真似しようとしていることだ。情報収集が常識だというのは、すでに常識のとりこになってしまっていることだ。既存の完成品をなぞりたいのなら、それでもいいだろう。しかし、全く新しいモノに挑戦しようという時、他人の真似をして何の役に立つというのだろうか。まだ完成していないものに対する他人の研究は、この場合には失敗の記録にすぎない。そのようなものをいくら集めても、その方が無意味なのだ。

そんなことに時間と労力とを費すよりは、暗中模索しろ、と私は言っている。自分独自のやり方を探すことに時間をかけろ、労力を費せといっているのである。成功のカギを握っているのは、ひとえに、自分だけの方法、自分独自の手法を確立できるかどうかにかかっている。過去のデータをいくら引っ張り出しても、また、参考文献をいくら多く読んでいても、そこから成功が導き出されることは皆無といっていい。多くの研究員が間違うのはここのところだ。

他人のやり方は無視すべし

かくいう私も、過去一〇年間、その間違いを繰り返してきていた。他人の書いた研究論文や実験結果をまず調べ、そこから出発するというやり方だ。自分で一から始めるよりも、その方が手っ取り早いし、安全だ。無駄がなく、スムーズに進行する。そう考えたからだ。

しかし、ここには重大な落とし穴があることに私は気づいていた。新製品の開発は、常に視界をさえぎられているジャングルの中を手さぐりで進んでいくようなものなのだ。だから、他人のやり方など全く当てにならないものだと考えた方がいい。他人の実験結果をなぞるのは、新製品開発においては自家撞着《どうちゃく》のことをやっているにすぎないのである。

そう気づいて、私は青色発光ダイオードの開発という人跡未踏の領域へ踏み出そうとした時、意図的に他人の論文や実験結果には目を通さないことにした。他人の真似事ではなく、一から一〇まですべて、自分の実験結果だけから判断することにしたのである。

端から見れば、何と無駄な労力を、と思われたかも知れない。関西風にいえば、鈍くさいやり方だったかも知れない。しかし、何が確実なことかといえば、自分がこの目で見、この手で触れて確かめること以外に何があるというのだ。それを一つ一つ積み重ねていけば、エベレスト登山もいつかは可能になる。

要するに私流のやり方の基本は〝下駄履きでエベレストに登る〟やり方だったのである。とにかく徹底的に人まねを排し、自分の実験結果だけを重視すると決めたのである。

こうして、来る日も来る日も実験に明け暮れる毎日が続くことになる。

青色発光ダイオードをつくるには、まず、窒化ガリウムの薄い膜をつくる必要がある。その薄膜をつくるのに、私は前述した有機金属化学気相成長装置（MOCVD装置）を使った。気相とはガスのことで、成長とは結晶をつくることを意味する。つまり、窒素源としてアンモニアを、またガリウム源として有機金属ガリウムをガス状にして、塗料のようにしてサファイア基板に吹き付け、結晶薄膜をつくるのである。だから、この装置できれいな薄膜ができるかどうかが、青色発光ダイオード開発のカギになるのである。

しかし、私の選んだ窒化ガリウムという材料は、おいそれとはこの結晶をつくってはくれないという重大な欠陥を持っていた。サファイア基板上に反応ガスを流すのだが、反応温度が摂氏一〇〇〇度と高いため、基板上から大きな熱対流が起こる。そのため、ガスが熱で舞い上がって、結晶をつくってくれないのである。

私は毎朝七時には出社して装置の改造に明け暮れた。赤外発光ダイオードのデバイスを研究していた時と同じく、装置そのものから自分の手で改造していった。午前中に装置改造し、午後からは反応実験をやる。実験結果を調べて、また装置を改造する。その繰り返しの毎日だった。

どん底を極めるべし

こうしてあっという間に半年がたち、結果が出せないまま一年が過ぎ去っていった。

成果が出ないことにさすがに不安になることもあった。最初からかなり無謀な挑戦であることはわかっていたが、それでも持ち前の強気と、何でも大丈夫だと考える楽天的な性格とで、「もういっちょこい」と頑張ってきた。しかし、たった一人で本当にやっていけるのかという不安は、いつもあったのだ。また、学会などに出席して、有名大学の著名な先生から「窒化ガリウムでは無理だよ」などと自信たっぷりに言われると、情報の少ない田舎研究員としては、やはり駄目かと元気をなくしたりするのだった。

そして、その弱気な気分に追い討ちをかけるように、このころから、会社が予算をしぶるようになってきた。私は正念場に立たされたのである。

しかし、外部的な状況はあいかわらずだったが、一年も過ぎるあたりから、私自身の内部的状況は変わってきていた。外部の雑音を気にせず研究に集中できるようになってきたのである。同時に、つまらない不安も感じなくなってきた。

ひたすら装置の改造と実験に明け暮れているうちに、頭は四六時中、青色のことばかりになってきた。

そして、とうとう会社にかかってくる電話にも出なくなってしまった。私のいる開発課には外部の業者からひっきりなしに電話がある。過去に開発した製品についての問い合わせなどだ。その都度、仕事を中断して電話に出なければならない。これでは集中して仕事ができない。また、青色の実験の場合も装置が手動なため、バルブのスイッチのオン、オフを手動で行わなければならず、つきっきりでないと仕事にならなかったのだ。

だから、仕事に集中するために、電話には出たくなかった。こうして、朝出社して実験室に入るや、すべての電話を断るようになってしまった。

さらには、会議にも出なくなった。つまらない会議や余計な電話よりは、仕事に没入していたかったのだ。電話には出ず、会議にも出ない。そしてとうとう、会社の人間とも口をきかなくなった。当時、私の話相手といえば、アシスタントの部下一人だったが、彼とも口をきかなくなってしまったのである。研究以外のことはすべて無視して、青色にのめり込んでいったのである。当然、会社からは変人扱いされた。

しかし、たった一人で青色に立ち向かい、しかも窒化ガリウムという可能性が一パーセントあるかないかの材料を用いての挑戦だ。外部と隔絶し、変人扱いされるまでのめり込まなければ戦えないのは当然のことだろう。それが私に与えられた試練だ。実験結果と忍耐、それだけが武器だったのだ。「もういっちょうこい」の精神でやりぬく以外に手はなかったのである。

改造しても改造しても窒化ガリウムの膜はできなかった。私はくる日もくる日もなぜ膜はできないのかを考えた。頭の中はそのことばかりになっていった。なぜなのか、どこが悪いのか、どうしてできないのか。

こうして、どんどんどんどん自分を追い込み、深く深く考えを沈めていくと、ついにはにっちもさっちもいかない状態にまで落ち込んでしまう。考えて、考えて、考えて、それでも結論を出せない状態。

普通の人は、ここまで深みにはまってしまうと、ついには諦めるものだ。しかし、私の場合は違う。どん底まで自分を追い込んでしまうと、後は這《は》い上がっていくだけだという考えになるのである。だから、どん底を極めるまで沈潜していくその過程が重要になる。中途半端な妥協点ではダメなのだ。これでは中途半端な解決策しか生まれない。ユニークで創造的な発想は湧いてこないのである。だから、徹底的に深みへ自分を落とし込む必要がある。

すべてをやりぬいて、深い湖底に到達した。もうそこから先には進みようがない、と感じた時、体がフワッと浮くような感じになる。その何とも言いようのない浮揚感を味わった時、不思議と何かが解決できそうな気になるのである。湖底から太陽のわずかな光が見えるように、何かがヒラメキ、そこへと浮上していけるような感じになる。

そして実は、このような状態になることは、私の成功への一つのパターンであることを私は過去一〇年間の経験から知っていた。三つの製品を完成させた時も、同じような状態から成功させたからだ。

だから、青色発光ダイオードの時も、外部との接触がなくなり、一人沈思黙考する状態が続き始めた時、私はある日突然何かがヒラメいて、突如として視界が開けるような予感がした。

そして不思議なもので、そう信じていると本当に天啓は訪れる。

私が悩みぬいていたのは、窒化ガリウムがなかなかきれいな結晶をつくってくれないことだが、それは、高温で熱対流が起こり、そのためにガスが熱で舞い上がってしまうからだった。ガスが熱で舞い上がらないようにするにはどうするか。それが悩みの種だったのである。

人の意見をヒントにすべし

そんなある日、気分転換もかねて、ある応用物理学会へ出席してみることにした。そしてここで、偶然にも、ある重大なヒントをつかむことになるのである。

東北大学の坪内和夫先生は長年、窒化アルミの結晶の研究をされていたのだが、この時ちょうどＭＯＣＶＤ装置について発表されていた。先生の研究発表を聞いている時、ふと、あるなに気ない言葉が私の耳に飛び込んできた。坪内先生の研究室のＭＯＣＶＤ装置においては、ガスを上から押さえつけるように流して結晶をつくっているというのである。

私のアンテナに引っかかったのは、先生が単に「上から流す」とは言わずに「上から押さえつけるように流す」と言ったことだった。先生がどういう意図でおっしゃったのかは、直接うかがわなかったからわからない。ひょっとしたら、単に〝上から流して〟と表現してもよかったのかも知れない。しかし、実験での微妙なニュアンスを伝えるために、「押さえつけるように」という表現を使われたのだと思う。

私はこの言葉に敏感に反応した。上から押さえつければ、反応ガスの上昇を押さえることができるかも知れない。しかし、一方向から流すだけなら、これまでと同じだ。坪内先生の方法も上からの一方向だけだし、私の改造したMOCVD装置も、横か上かの一方向からしかガスを流していない。ならば二方向から流してみたらどうなのだろうか。押さえつけるガスを加えてみるのである。

会社に戻った私は、早速、実験に着手した。こうして、サファイア基板面に対してほぼ平行に流すガスと、熱対流を上から押さえつけるようにガスを流す装置を開発した。これが「ツーフローMOCVD装置」である。

一九九一年八月。午前一一時ごろ、私はいつものように実験装置の打ち出していくデータを眺めていた。そして思わず「あっ」と叫んでいた。データを打ち出す紙には、ホール移動度の測定値が二〇〇と出ていたからである。

ちょっと専門的になるが、サファイア基板上に窒化ガリウムの結晶格子ができているかどうかは、結晶の表面を走る電子の速度で計算する。結晶が完全であればある程、電子の速度は速くなる。欠陥があれば、エネルギーが熱に転化して結晶が壊されてしまう。発光ダイオードの寿命はそれだけ短くなるということだ。白熱電球に代わるものとして期待されているのに、これでは意味がない。より結晶が完全であること、つまり、電子の速度がより速いことが求められる。そして結晶の表面を走るこの電子の速度は「ホール移動度」で表わされるが、これまでの世界最高価は一〇〇だったのである。

私のツーフロー装置が打ち出した二〇〇という数値は、世界最高をいきなり一〇〇も上回っている。つまり、非常に完成度の高い結晶が出来ているということなのだ。私は一瞬、目を疑った。データには間違いないだろうが、偶然に一カ所だけきれいな結晶が出来たのかも知れない。それならそれでいい。

そう考え、基板上に出来た結晶を手で割っていくつもの破片にして、何度も測定してみた。結果は、すべての破片が二〇〇前後の高い数値を打ち出すのだった。もう疑いようもなかった。私の改造したツーフロー装置で窒化ガリウムの結晶をつくってみたら、いきなり世界最高の結晶膜が出来た。私の試みは成功したのだ。

私は世界一という称号を得られた喜びと興奮の中で必死になって論文を書いた。依然として論文や研究発表は禁止されていたが、そんなことはもうどうでもよかった。クビにするならしてみろ、と開き直った気持ちだったのだ。

そして、その時点から、青色発光ダイオードの開発まではあと一歩だった。若干の紆余曲折はあったが、一九九三年、自分でも納得のいく高輝度の青色発光ダイオードを製品化した。それは、それまで市場に出回っていたものの一〇〇倍の明るさを持つ新製品で、赤色発光ダイオードと肩を並べる程の輝度を持つものだった。さらに一九九五年には青色レーザーの開発にも成功。また、緑色の発光ダイオード、白色発光ダイオードも製品化した。九九年には紫色レーザーの実用化にまでこぎつけたのである。

こうして発光ダイオードとレーザーに関しては、日亜化学の独走状態が続いた。登録特許数は実に一二八件にも及び、出願特許数は五〇〇にも上ったのである。

私のこの快挙は、世界中を驚かせた。そして、世界中の大手企業、研究所がいっせいに、セレン化亜鉛から窒化ガリウムに変えて研究を始めた。私からしてみれば、ザマアミロというような気持ちだった。

しかし、このような大それた成功を導き出したのも、考えてみればあの「押さえつける」という一言に私が反応したからだったように思う。もしもあそこで、この言葉を見のがしていたら、青色発光ダイオードの完成はもっと遅れていたかも知れない。ひょっとすると、本当に二〇世紀には出来なかったかも知れない。あるいは、私ではなく、大手企業か研究所の誰かにその栄誉がいっていたかもしれない。そう考えるとまさに千載一遇のチャンスを私はしっかりとものにしたといえるだろう。

そしてこのようなチャンスを一瞬にしてとらえる目を、私は自分自身をどん底まで落とし込むことによって養っていた。よく、情報を察知するアンテナとか触覚というような表現が使われるが、確かにそのようなことも大切だが、私の場合にはちょっと違うような気もする。

どちらかといえば、空間を漂っているような感じ、ふっと浮くような浮揚感だと思う。そしてそこからくる全身が自由に物事をとらえる感覚のようなものだ。浮いて、全身に何の障害もなくなった時、手も足も目も耳も、すべての感覚が自由になる。そのような状態にいるからこそ、小さなことにでも反応できるようになるのである。

たまたまあの時には言葉に反応した。場合によっては皮膚感覚が反応することもあるだろうし、視覚が反応することもある。ありとあらゆる感覚が自由になって、物事を創造的にとらえていくのである。

バイタリティを持つべし

創造性に必要なのは、知識や学力などではない。知識や学力などというものは、ある意味では常識的なことで、それらがほしいのなら図書館にでも行けば十分だ。あるいは、コンピュータのデータを引っ張り出せば足りる。そんなことがいくらうまく出来ても、創造的でクリエイティブな仕事はできない。

創造性やクリエイティブな仕事には、常識を根底から打ち破ってしまうくらいのバイタリティが必要だ。見方によっては、それは全くのわがままやつっぱり行為と映るかもしれない。

あるいは、私のように無謀な行為ばかりやっていると思われるかも知れない。

しかし、一パーセントでも可能性があるなら、それに賭けてみるという気概がなければ世界的なワールドワイドな仕事などできっこない。特に、研究開発という仕事においては創造的であるかどうかが、決め手になる。だから、失敗を恐れず一パーセントを貫いていくぐらいの強靱な精神力が求められるのである。

常識を超えたところにこそ、ビッグチャンスはあると肝に銘じておくことだ。非常識をこそ徹底的に実践してみることだ。そうすれば、必ずや何らかのヒントが現われる。そしてそれさえつかめれば、成功まではもう一歩のところなのだ。

私は常識を破っていくために、主に六つのことをモットーにしていた。そしてこれらを常に頭にインプットし、失敗しそうになったり、壁につき当たった時には繰り返し思い出しては、それらを克服しようとしてきたのである。

一つは、すでに何度も述べてきたように、「すべてを、〝自分でやる〟」ということ。私は自分の装置を自分の手づくりで改造してきた。そして、誰もなしとげ得なかった青色発光ダイオードの製品化を可能にした。すべてその基本は、〝自分でやってみる〟という姿勢にあったのである。

〝自分でやる〟など当たり前だろう、と思う人がいるかも知れない。しかし、これが実は意外とそうなっていないことの方が多いのだ。自分の仕事のことを考えてみるといい。とくに最近の仕事というのは、あらゆる仕事が細分化され、また多様化しているため、一つの仕事を完成させるに当たっては、様々な人の手が加わらなければ成り立たなくなっている。外注という名の手ぬきさえしなければならなかったりする。

多様化し、多忙化する現代社会にあっては、ある意味では仕方のないことかも知れない。しかし、こと創造的な仕事においては、これは役に立たない。創造というのは今も昔も、集団でやるものではないからだ。あくまでも、個人の想像力をどう発揮するかにかかっている。だからこそ、私の場合は手づくりでなければならなかった。それが私の個性だったのだ。

すべからく、〝自分でやる〟ところから創造的な仕事は出発するのである。

「勘」を大切にすべし

二つめは、自分の〝勘〟を大切にすることだ。一つめの〝自分でやる〟こととつながりがあるが、自分でやっていれば、自分なりの独得な〝勘ばたらき〟が育ってくる。その〝勘〟を大切にするということだ。

だから〝勘〟といっても競馬や競輪のヤマカンのことを言っているわけではない。仕事に十分精通したところから湧いてくる〝勘〟のことを言っているのである。

だが、残念ながら日本人は、仕事や研究などで勘や直観に頼るのを嫌う傾向があるようだ。理づめが好きな民族なのかもしれない。そういえば、最近の若い人はどうなのかはわからないが、日本人は囲碁や将棋といった頭で考えてやるゲームが好きだ。理論好きなのだ。だから、スポーツの観戦もやたらうるさい。ああして、こうして、ああしなければ、こうしなければと、口角あわをとばして論じたてる。本当は、スポーツはそういう理づめでいかないところが面白いのではないかと思うのだが、どうもそうではないらしいのだ。だから、大リーグのように、バシッと打ったらホームラン、ビシッと投げたら三振というような勝負の醍醐《だいご》味《み》があまり理解できなかった。手を変え、品を変え、どう相手をごまかすかという理屈を述べたてる方が好きな民族なのである。〝勘〟などというと、だから、素人みたいに言われてしまう。

しかし、本当は全く違う。素人の勘や競馬の勘と、専門家の勘とをごっちゃにしているのだ。プロ野球の大選手は、皆、プロ野球という専門分野での各自独得の勘が鋭い。だからこそ、大選手になれたのだ。

私たち研究開発の仕事でもそれは同じだ。仕事に精通していけばいくほど、勘がどんどん養われていく。新入社員の研究員が簡単に見のがしてしまうようなことでも、私たちには見えるのだ。

勘というのはだから、そうおいそれとは身につくものではない。経験と実績とを積み上げることによって培われていくものなのである。

私はこの〝勘〟を実験においても重要視した。というと変に聞こえるかも知れないが、私には、過去一〇年間で培ってきた溶接屋まがいの職人技があった。そして職人には職人にしかわからない〝勘〟があるのである。

それは、言葉には表わしにくい。こうなるからこうだというような理屈ではないからだ。例えば、温度を調整する時の微妙なタッチやガスを流す際の微妙なニュアンスは、やっている本人にしかわからない。データは同じなのに結果が違ってくるのはどうしてか、など、〝勘〟だとしか言いようがなかったりするのである。私はこの、私の身についている〝職人的な勘〟を徹底的に信じた。自分の腕を信じた。これこそが、自分で築き上げてきた、自分のやり方から生まれた成果だったからだ。

人の真似をせずに、あくまでも頑固に自分のやり方を通すことができたのは、私に職人的な勘があったからだ。そして、その〝勘〟が、いつも「これで大丈夫だ」と言い聞かせてくれていたのである。だから選択肢がいくつかあると、勘の命じるままに、パッパッと選んでいく。考えることは好きだが、決断するときはあまりじっくり考えたりはしない。

成功は理屈などからは生まれない。この道は大丈夫だろうという〝勘〟だけなのだ。それを信じて進むかどうかなのだ。そして、この〝勘〟を生んでくれるのは、仕事にどれ程自分を賭けているか、人生を賭ける程の〝職人〟になっているのかということなのだ。

どんな仕事においても〝職人〟と呼ばれること。それが成功への第一歩だと私は思う。

根本＝単純と理解すべし

三つめは「単純なものに目をつける」ことだ。発明や発見もそうだが、新製品の開発においても、根本は単純なものであることを知っておく必要がある。難しい論文や資料の中になど、決して成功の芽はない。あるのは、常識というドグマだけなのだ。

そして、多くの人たちが、創造的な仕事に携わりながら、このドグマに冒されているために前へと進めないでいる。定説だとか規則などというものは、単なるドグマにすぎない。だから、このようなものにいつまでもとらわれていては、結局は他人の定説や他人が立てたセオリーを単になぞるだけで、創造的なものには到達できなくなる。

というよりも、定説や業界の常識を知りすぎていると、身動きが取れなくなることが多いのだ。業界というのは、一見、互いに自由に競争する場のように思える。お互いに切磋琢磨《せっさたくま》して業績を上げていくことが、業界の繁栄のためだと、皆、考えているような気がする。ところが実は、これが全く違うのだ。業界というところは、日本においては、横並びを助長するところにすぎないのである。横並びとはどういうことかといえば、要するに、事なかれ主義に終始するということだ。そこでは一人だけ、一つの企業だけ突出するのを、できるだけ避けようという意識が働くのである。

この意識があるため、企業の会議というのは常に他者の動向の報告が優先する。あの会社はこうだ、こちらの会社はこれをやっている。だから、わが社もこれをやらなければ乗り遅れるというのが企業の発想なのである、私も会社のこの考え方に踊らされた。そして開発した製品はどうだったのか。三つも開発したにもかかわらず、そのすべてが同業他社、それも大手企業の製品と同じだという理由で売れなかった。

横並び主義は大手企業のためにあるようなものなのだ。横並びの製品が出回れば、信用度からいえば大手はやはり断トツだから、大手の製品が売れるにきまっている。ベンチャーの出る幕などなくなってくるのである。個人の才能を伸ばすチャンスもなくなるということだ。

私が青色を開発できたのは、横並びではベンチャーの製品は売れないという現実を知っていたからだ。もしも横並びでセレン化亜鉛を材料に選んでいたら、たぶん私も、他の大手研究員たちと同じように泥沼にはまっていただろう。私が窒化ガリウムという可能性が少ないといわれていた材料を選択したのも、横並びのやり方に安住したくなかったからだ。しかしそのかわり、人一番苦労したことは確かだ。なにせ、失敗の記録はあっても、成功のデータはまるでなかった。一から一〇まで自分で確かめ、自分でデータを積み上げていくしか方法はなかったのだ。

そして重要なことは、このように一から一〇までを自分でやっていると、「何かが自然に見えてくる」ものだということだ。手を動かし、目や耳を動かし、体を動かし、頭を働かせていれば、自分の方向性が必ず見えてくる。何も難しい理論や定説など知っておく必要はない。もちろんそれらを勉強しておくにこしたことはないだろうが、出発点をそこに置く必要はないということだ。根は単純なものだというのはこのことだ。単純なものにこそヒントが隠されているということを肝に銘じておけば、定説や常識というドグマに惑わされることもなくなる。

考えてみれば、私の開発したツーフロー方式も、発想は単純といえば単純だ。それまで熱の対流が発生してうまくいかなかったのを、上から押さえつけただけだ。しかも、定説的には、一方向からしかガスを流していなかったのを、二方向からにしただけだ。この単純な逆転発想が成功を導いたのである。

仕事がうまく行かなくなった時には、誰でも先人の、とくに偉い人の権威にすがろうとするものだ。しかしそれは、たぶん話をますますややこしくするだけだ。創造的な仕事であればあるほどそうなる。なぜなら、自分のやっている仕事と、先人のやり方は違うはずだからだ。違うやり方に、先人のやり方を導入しようとすれば、話はこんがらがるだけなのだ。

だから、もしも先人の知恵を借りるにしても、その全部を借りてはいけない。どんなに世界的な権威の言うことでも、その七割か八割ぐらいしか正しくはない。残りの二、三割は間違っているかも知れないと、心に思い定めておくことだ。そうすれば、変なドグマに落ち込むことも少なくなるだろう。変な道草を食わなくてもすむ。失敗の原因など、割と単純なところにあるものなのだ。

自分を深く沈潜し考え込むべし

四つめのモットーは、「自分を深く沈潜させて考え込む」ことだ。

青色を開発するに当たって、失敗に失敗を繰り返した時、私は失敗の数よりもずっと多く、しかも深く自分を沈潜させた。深く、深く物事を考えるようにしていった。その結果が、電話にも会議にも出ない、会社の反逆児となったのである。私の場合に必要だったのは、何度も落ち込んで、とうとう行き場のない程落ち込むことだった。中途半端では、深い沈潜が出来ない。最後の土壇場まで自分を追い込み、そこから浮上する方策を考えていくのである。これが私の方法だった。

考えてみると、徳島大学時代から、私には二つの武器が備わっていたようだ。一つは多田先生に植えつけられた、実験重視の姿勢。そしてもう一つは、持って生まれた考えぐせだ。

実験結果を重視することは、これまでも何度も述べてきたが、私のモットーの中でも最もこだわった点だ。実験の結果起こる現象をよく観察し、予見や独断や偏見を挟まずに、素直にデータを見る。起きている現象を、起きている現象としてとらえる。発明や発見を志す者、研究開発に従事している者にとって、このことは最も大切なことだ。とくに研究開発は、製品化が目的となるから、研究室の中の理論だけでは役に立たない。実際につくり上げるところまで行かなければ意味がない。そのためには、実験のデータや実験の結果を私心なく受け入れ、開発につなげていく必要がある。予測や予断が入ると、実際に目の前に起こっている現象を、ストレートに判断できなくなってしまうのだ。事実を事実として見る目が曇ってしまっては、先へと開発を進めていくことが不可能になる。だから、起きている現象だけを素直にとらえるというのは、物理屋や技術屋にとっては最も大切なことになるのである。

幸いなことに私は、この実験主義を反発しながらも多田先生に教えられた。反発しながらも、というのは、実は当時私は、実験よりも理論を重視するタイプだったからだ。

高校時代から物理をやりたかった私だ。どちらかといえば理論物理をやってみたいと考える程、考えることが好きだった。そのクセは大学に入っても変わらなかった。

就職の時、松下電器産業の面接に失敗したのもそのためだった。落とされた理由は、そのものズバリ「あなたは理論的すぎる」というものだったのだ。

それ程、私は理論が好きだった。物事をいろいろ考えていくのがこの上なく好きだったし、それが私の得意業の一つであることも知っていた。一つのことを、いつまでも、どこまでも考え進めていくのが無上に楽しかった。日がな一日、考え続けていたことなど何度もある。それ程、好きだった。だから、例えば数学の問題を出されて、何カ月も一年でも待つから解いてみろ、といわれれば絶対に解いてしまう自信があった。時間さえかければ、どんどん考え続けて、ついには結論を出せると思っていた。

だからたぶん、時間をかけてもいいという試験ならば、私は一番いい成績を上げることができただろう。残念ながら、学校の試験はそうではない。ある決められた、短期間の中でやらなければならない。逆に私はこれが難手なのであった。実際、高校の数学の試験の時など、数式や公式を証明するところからやり始めたものだから、時間が足りなくなってしまうこともしばしばだった。

要するに鈍くさいのだ。しかし、時間さえあれば、どんな問題でも絶対に出来るという自信だけは持っていた。とにかく、ちょっとでも気になると、そのことをとことん考えつくさなければ気がすまないタチなのである。それが私の個性でもあったのだ。だから、普通の人ならせいぜい一時間や二時間考えればすむことを、私はまる一日、いや次の日もまた次の日も考え続けた。解けない問題や疑問点が出来ると、納得するまで考え続けるのが、私の研究スタイルの一つだったのである。

私が青色に成功したのは、まさしく、この二つの武器、実験を重視することと、深く深く考え続けるということを駆使した結果だと思う。そして、実験結果を重視することは、学生時代に先生から教わった後天的な能力だし、考えを深めるのは、私にもともと備わっていた先天的な個性だ。私の場合にはこの両者がうまく噛《か》み合った。

しかし、多くの場合は、個性というものに関しては、どこかに置きざりにされているか、あるいは無理やり押さえるように訓練される。仕事に自分の個性を持ち込むなど、言語道断なことだというのが、日本の組織の論理だ。仕事のやり方、進め方は組織がそれまでやってきたようにやればいい。そこにおのおのの個性が入り込んでくると、やりにくくて仕様がないというわけだ。こうして、せっかく、それまで育て上げてきた個性は、社会へ出るや否やつぶされてしまう。みんな、背広にネクタイの横並びが正しいことだと思い込まされてしまうのだ。かくして、企業のサラリーマンは、みな没個性的になり、仕事も何もすべて会社のいいなりになってしまうのである。これがこれまでの日本の現状だ。

硬直化が起こるのは当たり前だ。個性というのは、それが発揮されて初めて価値を持つ。いいも悪いもない。その人にとっては、その人の個性は素晴しいものに決まっている。それを伸ばさなければ、何の意味もない。生きている甲斐もないではないか。私の場合もそうだが、自分の個性を生かしてこそ、成功への道も開けてくる。というより、自分の一番の得意技の個性を生かすのが、成功への一番の早道なことは、誰だってわかることだろう。何も無理して、世間一般のやっていることを真似することなどないのだ。

自分の一番得意とすることで勝負する。それがとりもなおさず自分流を確立することだ。

私はこの五つを常に念頭に置いて仕事をしてきた。その結果が青色発光ダイオードの開発につながった。そしてこの成功によって、私は圧倒的な自信を得た。企業という化物と一対一で対決できる自信を持った。人間性を回復できる強さを持つことができた。それもこれもすべて、何かをなしとげることによって、自分を高めることができたからだ。そして、自分を高める一番の武器は、自分の個性を発揮することだと知ったのである。五つのモットーは、とりもなおさず私の個性であり、同時に、個性を発揮させるための手段でもあったのだ。

自分の個性を出して仕事に立ち向かうこと。そうすれば、必ずや創造性を生むヒントが見つかる。なぜなら、私という個人は、あなたとも、またあなたとも違う人間だからだ。同じ会社で仕事をし、同じ部署に所属し、会社では同じようなパターンの会社生活を送っていても、私とあなたとは確実に違う人間だ。性格も違えば、好みも違う。一人一人が、その人なりの個性を持ち、それを尊重して生きてきたはずだ。その尊重してきた自分の個性を発揮することができれば、それは絶対に他人とは全く別な光を発するはずだ。その光が創造性だと私は思う。

私の光は青色発光ダイオードという青い光だった。しかし、あなたの光は、あなた自身が光らせればいいのである。

第7章

成功への扉を開くために

創意工夫の姿勢を持つべし

こんなエピソードがある。私が青色発光ダイオードを開発している最中、会社がもう一人部下をつけてやるといいだしたのである。私にはすでに部下が一人いて、それで十分だと思っていたのだが、会社の人事ならば仕方がない。どんな男なのかと聞くと、さも自慢げに、東京の某一流大学出身で、すでに大手半導体メーカーでこの分野の仕事をしてきたベテランなのだという。

最初からいた部下は、私と同じく地方大学出身で、成績も大して良くなく、就職口に困って日亜へ来たような男だった。会社としては、地方大学出身の何とも鈍くさそうな男が二人集まっても大した仕事は出来ない。経験豊富な一流大学出身者が入れば、これで大丈夫だとでも考えたのだろう。文句を言ったが会社の一方的命令で入れてきた。当時はいつも私が何か反対すると、最後は私の意見を全部無視するのが会社の常であった。

私は窒化ガリウムの研究をしていたから、この時も、彼に窒化ガリウムを材料にしてP型半導体をつくってくれるように頼んだ。一流大学出身、大企業研究所出身者だけあって、さすがに反応は早かった。実は、過去に一度、窒化ガリウムを使った半導体をつくった人物がいて、そのつくり方が研究論文に書いてある。中途入社の一流大学出身者は、めざとくこれを見つけてきた。そして、これを一所懸命に読んで、そこに書いてあるとおりの行程でP型半導体をつくり始めたのである。しかし、残念ながらいくら試みても出来なかった。

そして、私に報告に来た。「中村さん、論文に書いてあるとおりにやったのですが、できませんでした」。これでおしまいなのである。自分はきちんと言われたとおりにやった。できないのはたぶん論文の方が悪いからだ、といわんばかりなのだ。さらに、MOCVDの装置を改造後、その後彼にまかせようと思ってそのことを告げると、「できるかどうかわからないものを、私に押しつけるのはやめてください」とソッポを向かれてしまった。

この時にはさすがの私も愕然《がくぜん》とする思いだった。一流大学出身、大手企業出身者の本質を見た思いだったからだ。彼らは、マル、ペケでしか物事をやろうとはしないのだ。まるで試験問題でもやるかのようにしか仕事を考えていない。出来ないものはペケ。出来るものはマル。マルは進んでやるかも知れないが、ペケなものはペケなのだから、それ以上にやる必要がないという態度だ。ダメだったらもっと工夫をしてみようとか、目先を変えてやってみようという、創意工夫の姿勢が全くない。これが一流大学といわれるものの実態だとしたら、これは驚くべきことだ。そして、彼らが日本の政治、経済のほとんどの部分のトップにいるというのは、驚異を通り越してほとんど危険な状態といえる。私はその時、冷汗をかく思いで、そう考えたのである。

ハングリー精神を持つべし

日本の政治や経済の硬直化が言われて久しい。私は常識のある方ではないから、政治や国の経済のことはわからない。しかし、自分がタッチしている製造業のことならわかる。これまで世界一だといわれていた製造業においても、日本の落ち込みはひどい。このままでは中国にも、韓国にも、さらには台湾にも追いぬかれて、アジアでも三流国になってしまいかねないとまで言われている。なぜこんなことになってしまっているのか。技術大国などといいながら、開発に力を入れてこなかったからだ。

ハイテク企業を見ればよくわかる。携帯電話などはその典型で、開発はすべて欧米。日本はそれを小さくするとか、カラフルにするというようなことばかりやっている。そしてこのような枝葉末節のことをやるのが技術だと思い込んだりしているのである。もちろんそれは技術には違いないし、この部分に強いのは日本の伝統でもある。

しかし、何がこれから必要とされるかといえば、新しい技術の開発、新しい製品の研究開発だ。開発とは、つまりモノづくりのことだ。開発なくして国づくりはない。そのことに国は気づかなければならないのである。

そして実は、この開発＝モノづくりに必要な能力こそが、創意工夫の力、要するに創造力なのである。私が部下の態度に愕然としたのは、一流大学出であるにもかかわらず創意工夫の気持ちすらないのに驚いたこともあるが、同時に、ただ単に一流大学出身というだけで、企業も研究所も人を雇い入れ、彼らをトップにつかせようとする日本のシステムに思い至ったからでもある。

研究開発に必要な要素は創造力の他にも様々ある。私の経験からいえば、何事をもやり通すガッツも必要だし、なにくそというハングリー精神も大切だ。それだけ考えただけでも、これらの必要要素が、エリートと呼ばれる一流大学出にはないことがわかる。エリートたちには、もともとそのようなものは必要ない。彼らは創造力などなくても、記憶力がよければ点が取れる。ガッツはともかく、ハングリー精神など、たぶん生まれた時から育っていない。彼らの多くは、幼稚園から東大、京大を目指して教育される。いやたぶん教育とはいわない、訓練されるのだ。いい点の取り方にはテクニックが必要だからだ。

こうして育ってきたエリートたちが開発に従事するとどうなるのか。先程の私の部下のように、マル、マル、ペケで終わってしまうのである。

マル、マル、ペケの上手なエリートたちがうまいのは、他人の模倣だ。彼らは、教科書をそのままマル覚えして点数を取ってきた。教科書を覚えるのは、要するに教科書を模倣することだろう。

面白い話を聞いたことがある。私たちの時代には、社会や英語は暗記物と称して、覚える量の多い奴程いい点がとれた。そういう暗記物と、とくに数学は対極にあるものとして区別されていた。数学だけは、いかに公式を暗記しても、いい点はとれないし、私のように一から考えを進めていっては時間がなくなって、これまた点がとれない。だから、数学は暗記物ではないといわれていた。ところが、最近の学習塾や予備校では、数学も一種の暗記物として指導しているというのである。どういうことか。問題のパターンを覚えさせておけば、数値や表現の違いはあれ、問題の性質は同じだから、あとは数値をうまく当てはめるだけで解決する。だから、とにかく問題を数多くこなして覚え、一定のパターンが一見してわかるようになるまで訓練するというのである。何をかいわんやだ。

こうして点数を取った奴は、頭のいい奴だといって、誉めそやされる。確かに彼らは記憶力はいい。だから、何かを言えば「ああ、それは、あの資料ですね」「ああ、それはあそこに書いてありますね」と即座に答える。彼らにとってはそれが解答なのだ。正解したから、それでおしまい、というわけだ。

こういう発想のスタイルは、実は物真似にはピッタリだ。物真似というのは、真似する本物がすでにある。これに近づければいいだけだ。よりうまく近づけた奴が正しいのである。だから、真似のうまい奴ができる人間で、へたな奴はダメ人間ということになってしまう。

エリート集団が、技術大国と称してやってきたことは、実は、モノづくりではなくマネづくりにすぎなかった。彼らにとって物真似は得意中の得意だったからだ。多少の工夫があるとすれば、現物を大きくしたり小さくしたり、色をつけたり、見やすくしたりといった程度だった。そして確かにこれまでは、日本のこのような工夫は、常に現実の生活に即した形で行われてきたため、商品としては売れた。その細かい技術は、他では真似のできない技術として珍重された。これがたぶん、経済大国を支えてきたのだろう。

しかしその技術は、他のアジア諸国にはまだ育っていなかったから珍重されたにすぎない。今や他のアジア諸国も、日本に追いつき、追い越せで技術を学んできた。その結果どうなったのか。誰もが知っているように、日本の技術は高くなって売れなくなり、安いアジア諸国の技術に追い越されてしまった。これが実態なのである。

そして、追い越されて、はたと困った。これまで、マネづくりばかりしてきて、モノづくりをないがしろにしてきた。その結果、物真似のうまいエリートたちは育っていたが、それとは全く違う能力が必要とされる人材が皆無に等しかったのである。

そして気がついた時には、例えば電子デバイスの世界では、基本特許のほとんどが欧米の企業や研究者に握られてしまっていた。電子デバイス分野以外でも、医療、情報技術（IT）、バイオと、最も重要な部分を押さえているのは欧米になっていた。そして、日本企業は、それらの応用分野の末端のものばかりでしか特許を出せなくなってしまっているのである。

これが国の危機以外の何だというのだろうか。

教育システムを根本から変えよ

ここまで日本の落ち込みがひどくなると、これはもう、すぐさま手を打って結果がよくなるというようなレベルの問題ではない。基本の基本、つまり教育システムを根本から変えて、二〇年後、三〇年後に期待するより方法がない。マネづくりのうまいエリートを育ててきた教育から、モノづくりに必要な創造力を育む教育だ。

そしてそのためには、現在の受験制度を廃止する必要があると、私は考えている。そしてこの受験制度の頂点に大学入試制度が位置しているのだから、まず何よりもこの大学入試を即刻撤廃する。大学入試こそが、秀才は多く輩出したけれども、開発できる人間、モノづくりの天才を生まなかった元凶だからだ。モノづくりには一〇〇人の秀才よりも一人の天才が必要だ。だから、極端にいえばこれからの教育は、一人の天才を育てるような教育にしていかなければならないということなのである。それが実現してはじめて、日本は救われる。

残念ながら東大や京大を代表とする今の一流大学は天才など生んではこなかった。輩出してきたのは幾多の秀才であって、創造力を持つ人間ではなかった。私が天才といっているのは、創造力を豊富に持つ人間のことだ。せめてアインシュタインのアの字、レオナルド・ダ・ヴィンチのレの字ぐらい創造力のある人間が多く育ってほしい。

そして、このような創造力豊かな人間を育てるためには、まず大学入試を撤廃すべきことだと私は言っているのである。教育改革については、小学校教育から大学院まで、様々な改革が行われようとしている。みな、その弊害について理解してきたからなのだろうが、あっちを繕い、こっちを直してみたところで、所詮はつぎはぎだらけのおんぼろ自動車が出来あがるだけだ。ちょっと走ってはガス欠で動かなくなり、右に寄ったり左に寄ったり、壁に接触して傷だらけになるというのがオチなのだ。そんな欠陥だらけのオールドスタイルの車になど、乗せられるほうが可哀そうだ。進みの悪い車にいつまでもしがみつくよりは、一度廃車にしてみて、新たに考え直してみる方がずっとかしこいやり方だろう。

それと同じことを言っているだけなのだ。大学入試を一度やめてみて、新たな方法を編み出していこうと言っているのである。

人間は本来、小学生頃から二〇代前半ぐらいまでが、体力、能力ともに一番優れている時期だ。この一番大切な時期に、日本の若者たちは何をやっているのかといえば、受験勉強ばかり。それも、クイズ王を育てるようなことばかりやらされている。一億総クイズ王になろうなどという馬鹿げたことが平気で行われているのが、今の教育制度の実情だ。こんなアホなことをやっているのは、先進国では日本だけなのだ。その結果どうなっているかといえば、大学を卒業しても自分で考えることが出来ない。つまらない知識だけはあるが、何の役にも立たない人間が大量に社会に放出されているのである。このような役立たずを企業が大卒、とくに有名大卒といって嬉しがって採用するものだから、さすがに最近ではやらなくなっているようだが、新入社員研修や新入社員教育を金をかけてまでやらなくてはならなかったのだ。

アメリカではこのようなことはあり得ない。すぐに働けるような人間でないと採用しないのがアメリカ流だ。大学卒業者は、何らかの専門家として採用するわけだから、日本のように、給料を支払いながら教育するなどという、二度手間はやる必要がない。アメリカの企業から見れば、日本の大学生は何も出来ない、幼稚園児みたいなものなのだ。

それもこれもすべて、小学生の頃からずっと、クイズ王の答えを覚えさせられて育ってきたからだ。これを多く覚えることが、有名中学に入ることであり、またまたここで、高度なクイズに挑戦することが有名高校へ入ることであり、もっとウルトラクイズを覚えれば有名大学に入ることができるというわけだ。理科も社会も国語も英語も、数学もクイズ、クイズだ。小学生の教え方など、クイズ形式にすると、生徒が楽しく覚えるから、などといって率先してクイズ形式にする学校さえある。こういう話を聞くと、私は絶望的な感じにとらわれてしまう。

小中学校でやることなど、所詮は簡単なことばかりなのだから、そんなに無理して頭に詰め込む必要はない。自由に遊ばせておけばいい。やる気が出てくれば、すぐに追いついてくるし、また、追いつける範囲のことなのだ。だから、遊びたければ遊ばせておけばいい。そしてその間に、本当に自分がやりたいことを見つければいい。

過去に創造的な発明をしてきた研究者や芸術家の多くは、この小学生から二〇歳ぐらいまでの時期に、自分なりの発想や自分だけのアイデアをちゃんとつかんでいる。実績を挙げるのは、ずっとその後でも、創造性の萌芽ともいうべきものを、この時期に得ているのである。彼らはその時、日本の若者たちのように、日夜受験勉強に追われることもなかったし、ましてや、クイズばかりをやらされているわけではなかった。自由に、自分のやりたいことを見つけているのである。だからこそ、彼らはずっとその夢を持ち続けることができ、やりたいことを実現させることができる。クイズをやっていたのでは、終わった途端にすべてがなくなって、何も残らない。本当は、子供の時はみな科学が好きだったのに、このクイズ式の受験で、みな嫌いになっていくのである。

素質を伸ばせ

私は、子供の頃から根が非常識で、また部活のバレーボールに精出していたこともあって、幸いにして受験勉強というものを、あまり深刻に考えていなかった。だから志望校も、友人からお前も受けろと言われたから決めたようなものだった。部活以外は、中学・高校を通して割とボーッとしてすごした方だと思う。

そういえば、子供の頃から、お前はボーッとした子だと言われていたような気がする。近所の人が撮ってくれた写真を見ても、周囲のみんなはカメラ目線なのに、私だけが何となくレンズに集中せず、どこか焦点の定まらない顔をして突っ立っている。たぶん、何か考えていたのではないかと思う。それが周囲から見ると、ボーッとしているように見えたのだろう。

私が育ったのは、そんなぼんやり考え込むような少年にとっては、最適の地だったのかも知れない。愛媛県の大洲市に、私は小学校の途中から高校を卒業するまで住んでいたが、ここは、伊予大洲と言われるのんびりとした城下町だ。今では、小京都とか呼ばれて観光客も来るようだが、歴史を感じさせる古い町並みの中を肱川《ひじかわ》がゆったりと流れる、ほんとに静かな、小さな町だ。そういえば、ＮＨＫのドラマ「おはなはん」の撮影が行われたとかで、江戸・明治期の町家の雰囲気のある通りが「おはなはん通り」と名づけられて、若い女性たちに人気があるというような話を聞いたこともある。肱川では日本三大鵜飼《うかい》の一つに数えられている鵜飼も行われているから、松山の道後温泉へでも行ったら、ちょっと足を延ばしてみてもいいのではないかと思う。

それはともかく、私はこの大洲市で、青い空と白く湧き出る雲を、肱川のほとりでそれこそボーッとながめながら暮らしていたのである。私にはこの環境がたぶん大いに幸いした。

もしも、そのようなゆったりした時間が許されず、受験一辺倒でクイズに明け暮れていたら、私は自分を見失っていただろう。自分の特性を生かすことなく、あわただしく都会へ出、あわただしく生活して、じっくり物事を考えるいとまさえなくしていただろう。

そういう意味では、私は大洲という町で、自由に、自分の夢をふくらますことができた。私の個性はそこでゆっくりと育まれていったのだと思う。

べつにこの時期は、とびぬけて優秀である必要はない。高校時代の私の成績は、最も得意とした物理でも、せいぜい五段階評価の四。五ではなかった。要するにトップではなく、まあ出来る方の部類に入っていただけだ。得意科目でこの程度だから、あとは推して知るべしだ。それでも、物理に関しては、とにかく努力すれば自分にはできるという感じだけは持っていた。そういう自信だけは人一倍あったから、将来は物理学者になりたいと思っていた。

結局は物理学者にはならなかったが、このような自信が、子どもの頃から生まれてくることが重要なのである。私の場合は、たぶん、ボーッと一つのことを考えることが出来たため、この〝考える〟ということに自信を持ったのだと思う。人によって、自信の持ち方は様々だと思うが、いずれにせよ、忙しくクイズをやっていてもこのような自信など生まれないことは確かだ。そこにあるのはたぶん、点数だけを気にすること、そして、いつか誰かに追い越されるかもしれないという、つまらない不安だけだろう。

大切なのは、子供たちが自信を持って取り組んでいくものを見つけられるようにすることだ。そして、そういうものがあったなら、その素質を大事に育ててあげることだ。それが教育の役割だと私は思う。素質さえ伸ばすことができれば、たとえ天才アインシュタインにはなれなくとも、努力で天才に近づいたエジソンには誰でもなることができる。

要は、誰もやったことのないことに自分の力で挑戦する心を子供たちに教えることなのだ。別に大きな発明や発見でなくてもいい。どんな小さなことでもいいから、それに取り組み、これなら自分でも出来るという自信を持たせること。このことが重要なのである。

そのためには、子供の個性を引き出すような教育でなければならない。子供が得意になってやっていることを、十分理解し、褒めてやれば、どんな子供でも変わっていく。自信を持ってやるようになる。

なにもすべての科目を得意にすることなどはない。どんな科目でもいいから、得意な科目を伸ばしてやる。そうすれば、日本の子供たちはみな自信を回復し、伸び伸びと育つようになると思うのだ。

みな、子供の頃というのは夢を持っているものだ。ああなりたい、こうなりたい、ああしたい、こうしたい。もちろん長い人生の間にはその夢は変わってくる。私の夢も、お茶の水博士から物理学者へと変わった。しかしそれは私がちょっと大人になったから変わったのであり、それは仕方のないことだ。そういう変わり方ではなく、クイズ王になりなさいと言われて変わってしまうとしたらどうだろう。いや、夢をつぶされてしまうとしたら。それでいいのだろうか。それで子供たちは生き生きと、自信を持って生きていけるのだろうか。そうではないはずだ。

本当は、好きなことを十分にやらせて、夢を実現させてやるのが一番いいはずだ。親も学校もそのことは十分わかっているはずなのに出来ないでいる。何故か。失敗するのが怖いのだ。もしも好きなことをやらせてうまく行かなかったなら、責任を取らなければならない。そのことにビビっているだけだろう。だから、皆と同じくクイズをやらせてしまう。しかし、やらされる子供にしてみれば、こんなに迷惑なことはない。好きでもないことをやらされて、自分の個性をつぶされ、嫌いなことで人生の時間を費すほど悲しいことはない。失敗してもいいから、好きなことをやりたいというのが、彼らの本音だ。そして実は、好きなことを楽しんでやっていれば、失敗は少なくなるものなのだ。嫌いなことをイヤイヤやる方がずっと失敗例は多い。そのことにどうして学校も親も気がつかないのか、私にはわからない。

知育偏重の日本の教育は廃止すべし

私にも子供がいる。娘が三人だが、この子たちを塾には行かせなかった。受験というくだらないことに人生の最もいい時期の時間を費してほしくなかったからだ。ところがある時、困ったことが起きた。塾に行かないために、友達ができないというのである。

この時に私は、日本の教育システムというのは、子供たちを不幸にするものだということを実感した。みんなと同じでなければ、すべてがダメなのだ。そうでなければ不幸になるのが日本の教育なのである。しかしこれは根本的に間違っている。教育とは、みんなと同じになることではなく、まったく逆で、人とどれだけ違いを出すか、つまり自分の個性をどう発揮するのかだと私は思う。それが人生における勝負なのではないだろうか。

アメリカに家族で引っ越して、私の考え方がここでは実践されていることを知った。何もかもが日本とは正反対の教育観に出会って感銘さえ受けたのである。

末の娘が現地の高校に転入した時、面白いといって話してくれたことがある。クラスで先生が何かを質問すると、全員が手を挙げて答えようとするというのである。しかし、答えがわかっているのは、どうも一割程度しかいそうにない。なのに、全員手を挙げる。どういうことなのかというと、答えが正しいか、正しくないかはここでは問題ではないのだ。もちろん正解を発言してもいい。しかし、それについて何か発言したければ発言すればいいという教育方針なのだ。だから、みんな何かを言いたくて手を挙げるのである。そして、自分の個性を発揮する。日本の学校ではおよそ考えられないことだ。

日本では知識が重要視されるから、これならクイズを出せば足りる。知っているか知っていないかだけが問題になる。しかし、アメリカ方式だと、そのようなことは一切関係なくなるのである。

日本とアメリカのこの違いは、私自身も、青色発光ダイオードを開発している時に味わった。私は青色に手をつけた時には実は半導体についてはあまりよく知らなかった。専門用語も知らないようなレベルだった。それでも研究開発に着手していたのである。一九九三年に青色を商品化したが、誰にも信じてもらえなかった。それで九四年から学会に出始めた。自分の成果を発表したかったのである。

そんなある学会で、国内では有名な研究者から、半導体のデータ特性に関する質問をされた。ところが、私にはこの質問がさっぱりわからなかった。言葉の意味がわからなかったのだ。それで真剣に、「それは、どういう技術ですか」と聞いたのである。すると、会場にいる全員から大爆笑を受けてしまった。私が、冗談でも言っていると受け取られたのかも知れない。しかし本当に知らなかった。そして「あんた、こんな言葉も知らずに、よく研究できたな」と言われてしまった。確かに、後で調べてみると、専門書には誰でも知っている当たり前のことのように書いてある。自分はこんなことも知らずにいたんだと、ちょっと焦る思いだった。たぶん学会に出席した人はみな、私の無知に驚くと同時に、軽べつの念をいだいたことだろう。私は独自の手法で研究開発しており、その一つが資料の専門書は読まないということだったから、専門用語を知らないのも、いたし方ないことだったのだ。

しかしアメリカでの反応は日本とは全く違った。アメリカの大学では、私に知識があろうがなかろうが、そのようなことはどうでもいいことだ。何も気にしていない。注目されるのは〝ナカムラ〟が何をやってきたのか、ということだけだ。それさえはっきりしていれば、研究開発でしっかりした成果を残していれば、用語など知らなくても教授たちは笑いはしない。知らなければ詳しく教えてくれる。彼らが重要視するのは、知識があるとかないとか、多いとか少ないとかでは決してないのである。

実力のある個性を育成すべし

アメリカの子供たちが、知っているか否かにかかわらず、全員手を挙げ、何かを発言したがるのは何故なのか。たぶん、子供たち一人一人が、自分が世界で一番だという自信を持っているからではないかと思う。先生の質問の答えなど知らなくても、自分は大丈夫なのだという自信があるからだ。そんなことを知っていることが偉いことなのではなく、例えばバスケットボールをやることだったり、自転車に乗れることだったり、あるいはスケボーをやれることこそが彼らにとっては自慢したいことなのだ。だから全員が、自分のことを自慢したくて手を挙げるのだろう。

もしも日本で、そのようなことを答えたなら、それは間違いでダメだと即座に言われてしまう。マル以外の答えはクイズ形式ではあり得ないからだ。しかし、たぶん質問の答えは無数にある。自分にとっての答えがある。それを自信を持って発言できる土壌がアメリカにはあるのである。横並びの答えだけが正しいのではないことを、彼らは十分に知っている。アメリカでは各人の個性を伸ばす教育システムが確立されていて、その中で子供たちは自由に、伸び伸びと自信を持って、自分を発言する。アメリカ人と議論すると、そのことがよくわかる。誰もが、何を発言するにしても、また多少ピントが外れていようが、自分に自信を持って発言する。全員が、自分の個性を発揮することが大切なことだとわかっている。

考えてみれば当たり前のことだ。個性なくして、その人はないに等しいからだ。自分を他人に認めてもらうためには、自分の個性を主張しなければ、あといったい何を主張すればいいのか。アメリカの社会は、自分を認め、他人を認めるために個性を主張する。だから、実力ある個性がどんどん現われるのである。

これに対して日本はどうか。全く逆になっている。日本では、個性を発揮することは、人と違ったことをする奴だとみなされる。よく言われる、和を乱す、というやつだ。個性よりも〝和〟が大切にされる社会だ。だから小さな頃から、右へ倣え、左へ倣え、横並びが正しいことだと教えられる。列を乱す奴は徹底的にたたき直される。出る杭は打たれるのである。これが日本の教育の現状だろう。個性をなるべくおさえ、我慢してじっとみんなと同じように行動することが正しく、美しいとされているのである。だから、強烈でユニークな個性が出現しない。

横並びを無くすべし

これは要するに洗脳教育みたいなものだろう。強力な個性、つまりは創造的な人物が出ないように人の才能を押さえつけ、洗脳しているようなものだ。

ただ、確かに製造業などにおいては、横並びの能力のある人を集めた方がいい部分がある。ここに、私みたいなヤンチャで自分のやりたいようにしか仕事をしない人間が入ってくると、仕事がはかどらない。だから、日本は意図的に、横並びのサラリーマンを育ててきた。意図的に洗脳教育をして製造業に向くサラリーマンをつくってきた。永久サラリーマン志向はこうして生まれてきたのである。

しかし、もはやそのような時代ではなくなった。強いと言われていた製造業においてさえ、アジア諸国に追いつかれるような状態だ。そんな世界状況の中で、いまだに洗脳教育をしている方が間違っている。横並びの教育システムはとうの昔に時代錯誤に陥っているのである。そんなどうしようもない教育システムにしがみついていては、日本はますます世界に取り残されてしまう。

たぶんアメリカも、四〇～五〇年前には同じような教育システムを取っていたのだと思う。

しかし、アメリカの偉いところは、たえず世界に目を向け、自国のシステムが硬直化しつつあると気づくや、すぐさま手を打つことだ。その成果が今、出ているのである。日本もこれを見習うべきだ。一人の天才を、一人の優秀な個性を、どんどん輩出するようなシステムに教育制度を変えなければならない。日本の教育問題の元凶は、その頂点にある大学入試システムにある。大学進学を最終ゴールとする偏差値のヒエラルキーが出来あがっており、それが学校システムの全体をおかしくしている。そのことはもはや明白な事実だ。だから、大学入試を即刻廃止するところから教育改革を進めなければならないといっているのである。

私が言うと異論に聞こえるかも知れない。しかし、海外の事情を知る人の多くはみなそう考えている。江崎玲於奈先生などは私と同じようなことを、すでに二〇〜三〇年も前に言っている。その時に、多少なりとも変わっていれば、今のような悲惨な状態にはなっていなかったかも知れない。しかし、江崎先生の指摘など一切無視して、旧態依然と、無個性な人材を輩出し続けてきたのである。

そういえば、江崎先生にはこんな思い出がある。私は、モノづくりに専念すると、周囲の状況があまり見えなくなる。そのせいで、学界の動向はあまり知らなかった。そんなことに気を回すよりは仕事をしていた方がいいからだ。だから、シンポジウムや国際会議などにも無頓着《むとんじゃく》だった。青色を開発してからは、それらの誘いが増えたが、面倒なので断っていた。

そんなわけで一九九六年に来た、ベルリンで開催される半導体物理国際会議での基調講演の要請も断った。しかし、この後も二、三度依頼してくる。おかしいなと思って、友人にこのことを話すと、「お前は、アホか」と言われてしまった。この会議での基調講演は大変名誉なことで、何人ものノーベル物理学賞受賞者が講演しているという。だから「まだ間に合うかもしれんから、すぐに引き受けると返事を出せ」というのである。

私がこの国際会議で講演をした時の座長が江崎先生だった。そして、「田舎の小さな会社でコツコツと研究をして世界的な研究成果を出した人」と私を紹介してくれた。この言葉が何とも嬉しかったのを覚えている。

それはともかく、江崎先生のようなノーベル賞受賞者でさえもが、日本の教育事情の悪さを実感し、それをずいぶん前から憂えてきていたのだ。そしてここに来て、その憂いが現実のものとなって現われている。

大学入試を廃止すべし

大学入試を廃止しない限りは、今の教育システムを変えることはできない。個性を伸ばす教育などできっこない。小手先の改革などもはや通用しない段階なのだ。東大・京大を頂点とする大学ヒエラルキーを一度全部壊さなければ何も始まりはしない。どこをどう改革しようと、硬直化した日本の教育はどうしようもないところまできているのである。

とはいえ、いま大学入試を廃止したら、例えば医学部なら東大医学部や京大医学部に志望者が殺到して収拾がつかなくなる、というかも知れない。しかしそれならそれでいい。志望者が数万人いれば、全員行かせればいい。教室に入りきらなくなることなど承知の上で言っている。本当に講義を受けたければ、前の晩から並べばいい。そこまでやる気のない者になど、もともと授業を受ける資格などないのだ。だから受けなくてもいい。ちょっと乱暴かも知れないが、これくらいの刺激を与えなければ、学問への情熱など取り戻せはしないのだ。

そして、アメリカと同じように大学での勉強を極端に厳しくする。試験も極めて難しくして、やる気がなく、勉強しないような奴はどんどんふるいにかけて落としていく。ダメな奴は退学させ、優秀な人材だけを卒業させるようにするのである。

かなり極端な改革だから、最初はかなり混乱すると思う。最初の二〜三年は、これまで偏差値が高くなければ入れないといわれていた医学部や法学部などへ、入学希望者が集中するかも知れない。しかし、必ず自然淘汰《とうた》されてくると思う。本当にやる気のある者か、本当にできる者しか卒業できないとなれば、並や並以下の者はいても仕方がない。いつまでたっても卒業できないとなれば、そのうち諦める者も出てくる。

あるいはまた、長い目で見れば、いずれ労働の需要と供給のバランスが働いて、医学部や法学部への希望者も沈静化する。医者ばかり世に出ても仕方がないし、弁護士ばかりでは社会が成り立たないからだ。だからそのうち、本当に自分のやりたいことを見つけ、それに合った大学を選択するようになる。

間違えないでほしいのは、入試を撤廃してすいすいと入学し、すいすいと卒業していくシステムにしようといっているわけではない。そうではなく、入学試験を廃止する代わりに、大学の卒業試験を狭き門にするのである。だから、入学者は多くなるかも知れないが、四年後の卒業者は圧倒的に少なくなる。そして、アメリカの大学と同じように、試験と宿題の連続で学生を鍛えるのである。中学や高校とは違って、大学での勉強は職業と直結するものだから、厳しくて当然だ。

もしもその大学や学部が自分に合わないようなら、別の大学に入り直せばいい。入学試験はないのだから、それは簡単にできる。実際、アメリカでは半数近くの学生が、中退してまた別な分野でやり直している。在学中は厳しいけれども、ちゃんと自分の本当の適性を見極められるようなシステムになっているのである。

大学側としても、転学が比較的簡単に出来るから、向かない学生を辞めさせることもたやすいというわけだ。学生にとっても大学側にとっても利点のある一石二鳥のシステムなのである。

さらに、教授の方もアメリカ式にすればいいと思う。生徒による評価主義にして、給料にも思い切り差をつけるのである。学生の教師に対する評価が壁にでも張り出されれば、教師の方も真剣にならざるを得ない。

要するに、日本みたいな、何の緊張感もないぬるま湯的な大学ではなく、教える方にも教えられる側にも厳しい大学にするということだ。こういう大学で切磋琢磨してもまれた学生が企業に入れば、これは即戦力として使える。そして、こういう人の中からリーダーが出てくれば、日本も変わっていくだろうと思うのだ。

渡米してつくづく感じたこと①

アメリカへ渡ってみて、つくづく感じたことは、日本は共産主義の国だということだった。民主主義をどういうわけか誤解していて、みんなが一緒になるのを民主主義と呼んでいる。だから学校では、みんな同じ服装で、同じ考えで、同じレベルでなければいけないという教育をする。会社へ入ると、仕事をやろうがやるまいが給料は同じ。仕事をしない人には最高の国だけれど、本当に仕事をしたい人にとっては最悪の国。まるで旧ソ連と同じだ。これを共産主義といわずに何というのか。

こういう社会で、個人がやりたいことをやり、言いたいことを言えば、実際に飛ばされるかクビになるだけ。だからみんな黙って、何も言えなくなっている。言論の自由さえない国が、何が自由で民主主義の国だというのか。

こういった横一列の柔順で、没個性的な人間ばかりなため、会社は社員のことを〝従業員〟と呼ぶのである。何でも言うがままに従ってくれる人、という意味だ。人間をロボットとしてしか見ていないからこのような呼び方をするのである。それが証拠には、どの会社を見ても、収入も待遇もみな一緒だ。ロボット以外の何者でもない。

これに対してアメリカは個人として人間を見る。個人は一人一人が違うから、収入も待遇も全員違っていて当たり前なのである。できる人間がそれ相応の収入を得るのは当たり前。できなければ収入が少ないのは当然と考える。こういう社会だから、これも当たり前のことながら、出来る人間がどんどん育っていくのである。独創的な研究にしろ、ベンチャーにしろ育っていくのである。

日本のような共産主義のシステムは、個人の能力をつぶすだけなのだ。このままでは、本当に、ソ連のように崩壊しかねない。そうならないためにも、個人の能力を最大限に生かせるような教育システムにする必要があると私は提唱しているのである。

渡米してつくづく感じたこと②

教育システムの根本的改革については、私を待つまでもなくこれまでも多くの有識者から口をすっぱくする程に言われてきたことだ。なのに、なぜ出来なかったのか。それは一にも二にも、それらのことについては官僚が決めてきたからだ。彼らはこれまでずっと、権力という名のいいポジションを占めてきた。おいしい位置にいるのである。だから、自分たちでは改革できない。

改革が期待できないのならば仕方がない。優秀な人間はみな、アメリカに行けばいい。大リーグを見ればわかることだろう。

今はまだ、野茂やイチローや佐々木などぐらいだが、もしも日本の優秀なプレイヤーが大挙してアメリカへ渡ったらどうなるのか。日本のプロ野球がダメになるのは、火を見るより明らかだ。野球界は今やそのことをかなり心配しているはずだ。

それと同じことをやる。優秀な科学者、技術者はもちろん、実力と実績さえあれば皆、アメリカへ行けばいい。そうすればきっと、国も企業も人材の重要性に気づく。個性重視の教育の大切さについて理解すると思う。これぐらいの大鉈《おおなた》をふるわなければ、危機感が生まれてこないのだ。

要は、ロボット化された状態からの脱出だ。人間性の復権だ。かつて、ヨーロッパの人びとが、封建制や神という呪縛から自分を解き放ち、人間としての生活を復権させていったように、われわれもまた、会社という束縛から自己を自由に羽ばたかせ、個性豊かな人間性を回復させていく必要があるのである。豊かな独創性と個性を発揮すること、そのための方法を、私は私自身の体験に基づいて述べてきた。それは、一にも二にも、これからの日本の行く末を案じてのことだ。

日本の行く末などというと、大仰なことのように聞こえるが、それはとりもなおさず私たちの子供の将来にかかわることだ。

子供はみな夢を持っている。その夢をかなえさせてやりたい。一人一人が持っている個性を磨いてやるべきなのに、超難関ウルトラクイズへの参加だけを強いてきたのだ。そのために、子供たちは夢を失うばかりか、何をしたらいいのかさえわからなくなってしまったのである。これ以上子供たちに負担をかけさせたくはない。自由に、個性的に生きてほしい。

彼らの自由を保障してやるためには、なによりもまず、私たち自身が個性を回復する必要がある。スレイブではダメなのだ。子供たちの夢をかなえさせてやる土壌をつくるのは私たちだからだ。私の、平成のルネサンス論の骨子はここにある。そして、このルネサンス志向を早く身につけた者こそが、自由に羽ばたき、二一世紀の新しい成功への扉を開くことができると思うのだ。

●著者略歴

中村修二（なかむら・しゅうじ）

1954年愛媛県生まれ。77年徳島大学工学部電子工学専攻卒業。79年徳島大学工学部大学院修士課程修了。日亜化学工業株式会社入社。赤外LEDとLED用結晶材料の研究、開発。88年フロリダ大学客員研究員。94年徳島大学より工学博士を授与。96年日亜化学工業株式会社主幹研究員。仁科記念賞受賞。97年大河内記念賞受賞。2000年よりカリフォルニア大学サンタバーバラ校材料物性工学部教授。02年アメリカのノーベル賞といわれる「ベンジャミン・フランクリン賞」を受賞。
窒化物系材料を使用した発光デバイスの研究開発に先駆的に取り組み、1993年に青色、95年に緑色のPN接合型高輝度発光ダイオードの製品化に世界で初めて成功、また95年窒化物系紫色半導体レーザーのパルス発振に世界で初めて成功した。
著書『好きなことだけやればいい』『21世紀の絶対温度―科学者の眼から見た現代の病巣の構図』『考える力、やり抜く力 私の方法』『赤の発見 青の発見』（共著）ほか多数。2014年、ノーベル物理学賞受賞。

Wild Dream《ワイルド ドリーム》 ―反逆、闘いそして語ろう―

2002年9月18日　1刷発行
2014年11月1日　2刷発行

著　者　中村修二
発行人　唐津　隆
発行所　株式会社ビジネス社
〒162-0805 東京都新宿区矢来町114番地 神楽坂高橋ビル
電話　03(5227)1602　　FAX　03(5227)1603

カバーデザイン／上田晃郷
カバー印刷／半七写真印刷工業株式会社　印刷・製本／図書印刷株式会社
〈編集担当〉本田朋子　〈営業担当〉山口健志

ISBN978-4-8284-1005-0